KIM CLEMENT

나는 CALL ME CRAZY
하나님의 음성을 듣는다

Call Me Crazy, but I'm hearing God
by KIM CLEMENT

나는 하나님의 음성을 듣는다

지 은 이 킴 클레멘트
옮 긴 이 노성권

초판발행 2009년 4월 30일

펴 낸 이 허 철
펴 낸 곳 도서출판 순전한 나드
등록번호 제 313-2003-00162
주 소 서울 서초구 양재동 289-4호 다모빌딩 3층
도서문의 02)574-6702 /010-6214-9129
Fax 02)574-9704
홈페이지 www.purenard.co.kr
총괄기획 표정석
편 집 인 고수연
디 자 인 이지현
총 무 김현미

ISBN 978-89-6237-039-3 03230

나는 하나님의 음성을 듣는다

Call Me Crazy, but I'm hearing God

킴 클레멘트 지음 | 노성권 옮김

순전한 나드
PURE NARD

목차

Call Me Crazy

서문

1990년대 후반 플로리다 탬파에 머물고 있을 때 나는 아주 좋은 친구를 만나게 되었다. 지금까지 몇 년 동안 그는 나의 신실한 친구가 되어주었으며, 내가 그의 삶에 영적인 영향력을 주고 있다는 것에 대해 나는 실로 기쁘게 생각하고 있다. 그는 사람들에게 놀라운 동기부여를 샘솟게 하는 연설가이자 사역자인 '피터 로위' 이다. 몇 년간 피터는 내게 연예인들, 정치인들, 과거와 현재의 대통령들, 그리고 위대한 지도자들을 소개해 주었고, 나는 그들에게 영감 있는 계시들을 전달해 주었다. 피터는 내가 예견해 준 것들을 조심스럽고 신중하게 다루었고 특별히 정치와 경제 분야에 있어서 그러했다.

어느 날 피터는 나에게 전화를 했다. "만일 내가 래리 킹과의 만남을 주선한다면, 당신은 그와 만날 의향이 있습니까?" 나는 그 만남의 목적이 무엇인지를 물었고 그는 많은 심령술사들은 인터뷰를 하고 각광을 받지만, 하나님의 선지자들은 기본적으로 무시당하고 그들의 의견을 듣거나 볼 수 있는 기회가 전혀 없기 때문이라고 말했다. 그는 만일 내가 심령술사와 함께 인터뷰를 할 수 있다면 이것이 좋은 기회가 될 것이라고 이야기했다. 처음에 나는 그 만남이 심령술사와 대결하며 서로를 적대시하는 양상으로 갈 것이라고 생각했기에 별로 흥미를 느끼지 못했다.

피터는 더 이상 나에게 이러한 인터뷰 기회를 강요하지 않았지만, 약 일 년의 시간이 흐르는 동안 나는 성령께서 만일 내가 하나님께서 주신 말씀을 나누는 목적이라면 래리 킹을 만나기 원하신다고 느끼게 되었다. 나는 피터에게 연락했고 어떤 형식의 인터뷰던지 래리를 만날 준비가 되었다고 이야기했다. 그리고 나는 피터에게 래리킹을 위한 예언적인 말씀을 주님께 받았고, 그 만남의 목적이 나 자신을 알리기 위함이 아닌 그 말씀을 전달하기 위함이라고 이야기 했다.

피터는 래리킹과 약속을 했고 우리는 비버리힐스에 있는 '스파고' 라는 곳에서 만났다. 나는 래리킹이 무척이나 유쾌한 사람이라는 것을 발견했고, 래리는 내가 편안하게 대화하도록 해주었다. 나는 내가 받은 예언적인 말씀을 전달했고, 래리에게 두루마리를 건네주었다. 그 밤에 그는 여러 가지 질문들을 던졌고, 나를 그의 쇼에 초청하기를 원한다고 이야기 했다. 그는 나에게 여러 가지 예언들에 대한 질문을 했는데, 마치 악역을 맡은 사람처럼 어려운 질문들을 하며 신중한 답변을 할 수 있도록 나를 자극했다.

그가 한 질문 중 하나가 "당신은 사담 후세인이 어디에 있는지 아십니까?" 나는 즉시 대답했다. "만일 내가 그가 어디에 있는지 알았다면 나는 그것을 여기에서 당신과 함께 나누지는 않을 겁니다." 이상하게도 그 만남 이후에 나는 그 해 크리스마스 즈음에 미국은 사담 후세인이 사로잡히게 되는 것을 보게 될 것이며, 구멍에서 숨어있는 그를 끌어내어 올 것이라는 예언을 했다.

어떤 시점에 래리킹은 나에게 심령술사와 예언자의 차이점을 물어왔다. 나는 잠시 생각한 후에 심령술사들은 살아있지만 죽은 자에게 이야기하고, 예언자들은 죽었지만 살아있는 사람들에게 이야기 한다고 대답했다. 실제로 어떤 사람들은 이 세상에서 호흡하며 살아가고 있지만 영적으로는 죽은 사람들이다. 당신은 이 세상에서 단 한 번의 삶을 살 수 있다. 왜 당신은 구원받기 위해서 죽을 때까지 기다려야만 하는가?

저녁 식사가 끝나가자 그는 내게 어떻게 돈을 버는 지를 물었다. 나는 그에게 우리는 후원자들과 집회를 통해서 얻은 돈으로 사역을 진행한다고 대답했다. 그는 내가 책을 출간한 적이 있었느냐고 물었고 나는 지금 "나는 하나님의 음성을 듣는다(Call Me Crazy, But I' m Hearing God)" 라는 책을 집필중이라고 대답했다. 그는 그 제목을 맘에 들어 했고 그 책이 출간되었을 때, 그 인터뷰를 진행할 지를 결정할 것이며 그 책으로 인해 내가 돈도 벌기를 바란다고 이야기 했다. 나는 그가 나의 재정적인 부분에 대해서 염려해 준 것을 감사하게 생각했고, 래리와의 만남은 이 원고를 쓰는 데 있어서도 영감을 주었다.

그것이 3년 전의 일이었다. 나는 하나님의 음성을 듣는 것과 같이 신성한 것을 집필하는 데에 있어서 결코 서두르지 않았다. 몇 달이 몇 해로 바뀌었고 나는 지난 30년 동안 예언적인 은사로 사역하며 경험했던 놀라운 순간들을 기억하고 깊이 있게 이 글을 썼다. 이 책은 당신에게 당신이 지극히 정상적이며, 또한 당신도 하나님의 음성을 듣는 사람에 속한다는 것을 깨달을 수 있도록 도와 줄 것이다.

나는 광기로 인하여 괴롭지 않다. 오히려 나는 이 모든 순간, 순간을 즐기고 있다. 당신도 나와 함께 이 여정에 동참하지 않겠는가?

김 클레멘트

Call Me Crazy

1.

사람들이 나를 미쳤다고 하는 이유

'왜 이 사람들은 잠자리에 들지 않는 걸까?' 라고 나는 벽을 통해서 울려 나오는 재즈를 들으며 생각했다. 가끔씩 고함소리와 노랫소리가 들렸다. 뉴올리언스의 밤의 소리는 음악의 역사만큼이나 깊어가고 있었다. 나는 남아프리카 공화국의 젊은이로서 이 음악을 사랑했고 수 없이 많은 공연장에서 연주했던 재즈의 현실이 있는 이곳을 걸어 다니며 눈으로 보고 귀로 들을 것이라고는 꿈도 꾸지 못했다.

19세기 후반 미국 전 지역이 전쟁의 포화 속에 있을 때 뉴올리언스는 부두(Voodoo)리듬에 맞춰 춤을 추고 있었다. 이곳은 노예들도 드럼을 소유할 수 있게 해준 새로운 세계의 유일한 도시였다. 부두(Voodoo:주술,마술적)의식은 공공연하고도 암묵적으로 허용되었는데, 부자이던지 가난하던지, 백인이던지 흑인이던지, 그리고 유명하던지 평범하던지간에 모두 그 행사 의식에 참여할 수 있었다.

유럽인들이 사용하던 빛나는 나팔들이 마치 번개와 천둥이 만나듯이 아프리카의 드럼소리와 함께 섞일 수 있던 곳이 바로 이곳이었다. 이것이 사람들로 하여금 자유와 살아있음을 만끽하게 해 주었고, 사람들을 일어나 춤추게 했으며 또한 미국음악의 탄생과 함께 춤추고 있었다. 표면적으로 뉴올리언스의 모든 것은 즐겁고 환희에 넘치는 것 같았지만, 그 호텔 방에 누워 잠을 청하고 있었던 나는 고민하고 있었다. 나는 근심하며 동요하고 있었다.

그날 밤은 여러 면에 있어서 다른 밤과는 달랐다. 2005년 2월 나는 그 도시에서 집회를 할 때 가족을 함께 데리고 갔다. 어떤 이유인지는 몰랐지만 그들은 모두 행복하지 못한 것처럼 보였다. 모든 사람들이 우울해 했다. 특별히 내 아내 제인은 '주위에 온통 죽음' 뿐이라고 느꼈다. 이전에 나는 아내가 그렇게 말하는 것을 들어본 적이 없다. 아내는 자신이 무엇인가에 억눌려 있는 것 같다고 말했다.

왜 그녀는 이러한 축제의 음악이 있음에도 불구하고 우울해 하는 것일까? 뉴올리언스에 있는 모든 것이 소위 '뉴올리언스 재즈' 라고 불리는 기쁨의 혼란 가운데 있었고 모든 사람들은 그 축제를 즐기고 있는 듯이 보였다. 재즈가 바로 이곳에서 시작 되었으며 내가 우상시하던 루이 암스트롱, 시드니 베셋, 엘리스 마살리스, 브랜포드 마샬리스, 해리 커닉 주니어 등의 재즈의 대가들이 있던 곳이었다.

결국에, 나는 늦은 시간에 잠들었지만 이내 나를 뒤덮은 어둠과 악마적인 것이라고 설명할 수밖에 없는 것들이 방에 가득한 것을 느끼며 잠에서 깨어났다. 나는 일어나 씻었고 기도할 수 있는 장소로 갔다. 나는 성경을 열어 내게 평안을 주었던 생명의 말씀을 읽었다. 뉴올리언스의 방에서 감지한 것은 이전에 경험하지 못했던 다른 단계의 악령들이었고, 나는 영적인 통찰력을 위해서 몸서리치며 기도했다.

죽음의 도시

나는 그 날 밤 죽음의 영을 계속 감지하였는데, 24시간 동안 이례적으로 고군분투 하였다. 이러한 경험은 내 삶에서 흔하지 않은 기억이다. 나는 그 날 밤 영적세력과 싸우며 동시에 성령님께 지혜와 이해를 간구했고, 이 도시의 분위기에 적응하려고 시도했다. 그 날 저녁은 보통 때와는 다르게 공연이 어려웠다. 회중들과 소통하는 것이 어색했고 그리고 천국은 닫혀 있는 것만 같았다. 나는 어떤 예언적인 계시도 받지 못했다. 나는 회중들을 바라보았지만 사람들은 보이지 않았고 비어있는 자리들만이 내 눈에 들어왔다. 그리고 나는 마치 모든 영적인 권위가 그 도시를 떠나버린 것 같은 절망감에 빠졌다.

나와 절친한 친구인 갈랜드와 베버리 빌보가 우리를 그곳에 초청했지만,이제는 뉴올리언스를 떠나야 할 시간이 온 것 같았다. 우리는 그 당시에 우리가 살던 댈러스로 빨리 돌아가기를 원했다. 우리는 서둘러 차에 올랐고 아내 제인이 우리를 돌아보며 말하기를 "나는 이곳에서 떠나기를 원해요. 지난밤에 나는 악몽을 꾸었는데 무덤으로부터 시체들이 나오고 내가 느낀 것은 죽음뿐이었어요."라고 말했다. 바로 그때 나는 이 도시가 심각한 상황임을 감지하였고, 내 은사로 이 도시의 영적 분위기를 확실히 분별할 필요가 있다고 느꼈다.

우리가 뉴올리언스의 외곽을 벗어나 고속도로로 거의 진입했을때, 갑자기 차 타이어에 펑크가 났다. 그 곳은 매우 찌는 듯한 더운 날씨였는데, 타이어 교체 서비스로 전화를 한후, 한 시간이 걸려서야 담당자가 도착을 했다. 나는 타이어를 교체하는 동안 차량으로부터 떨어져서 걸으며 그 도시를 바라보았다. 갑자기 검은 갈고리가 구름 덮인 하늘로부터 천천히 나오는 것을 보며 생각했다. '우리가 여기를 벗어나기 위해

애쓰고 있는 것처럼, 이도시의 사람들도 우리처럼 떠나기 위해서 싸우고 있구나'

나는 매니저이자 친구인 A.T. 스놋을 돌아보며 내가 본 것을 이야기했다. "무엇인가가 우리로 하여금 이 도시로부터 떠나가는 것을 막고 있는 것 같아. 이것은 마치 이러한 일이 가까운 미래에 일어날 것이기 때문에 내가 이것을 예언적으로 경험하고 있는 것 같아."

우리는 그곳을 떠나고 나서야 비로소 안도의 한숨을 내쉬었다. 나는 뉴올리언스에서 급격히 역류하며 선포된 말씀과 어둠의 억압을 경험했다. 이전에 내가 다른 도시에서 예언한 후에 느끼던 안정감을 느낄 수가 없었다. 무엇인가가 이상했다.

휴스턴 텍사스

2005년 7월 22일 저녁 나는 휴스턴에서 공연을(사역)하고 있었다. 회중들은 활기 차 있었고, 모든 것이 아름답게 진행되고 음악도 무척이나 훌륭했다. 그 곳의 영적 분위기는 긍정적이며 강력한 영적인 힘으로 가득찼다. 사람들의 마음에는 기대가 가득했다. 이것은 하나님으로부터 받은 말씀을 풀어 놓는데 있어서 중요한 열쇠인 찬양이 선지자를 위해서 항상 아름다운 영적 분위기를 제공하기 때문이다. 전에 누군가가 나에게 "킴, 당신을 참아주는 곳에는 절대 가지 말고 당신을 환영하는 곳에 가세요. 왜냐하면 이것이 당신에게 주어진 은사의 가장 좋은 것을 풀어 놓기 때문입니다"라고 말했다.

그날 밤 뉴올리언스에 있던 내 친구 갈랜드 빌보가 휴스턴로 와서 그 모임에 참석하고 있었다. 나는 뉴올리언스 혹은 갈랜드와는 전혀 상관없는 주제를 단상에서 다루고 있을 때, 갑자기 뉴욕시의 세계 무역센터로 비행기가 날아가 충돌했던 비전을 보았을 때와 같은 유사한 느낌을 갖게 되었다. 나는 경악했고 엄청난 어둠이 나를 엄습했다. 나는 더 이상 나 자신을 제어 할 수 없었다. 갑자기 성령 하나님께서 나를 이리저리로 움직이셨고 나는 뉴올리언스를 대표하는 갈랜드를 지목하며 다음의 말씀을 선포했다.

"오 뉴올리언스, 오늘 밤 하나님이 휴스턴에서 너에게 말씀하시되 이제 충분하다! 심판이 다가오고 있다고 하나님의 영이 말씀하신다. 그리고 나는 믿음에 선 사람들을 택할 것이며 나의 종 모세 또는 나의 종 빌보를 지속적으로 대적하며 반대하는 자들을 멸망시킬 그 홍수위로 그들을 높일 것이다. 나는 뉴올리언스에 믿음을 가진 훌륭한 사람들이 있다는 것을 네가 이해하기를 원한다. 하지만 너는 패배하기 위해서가 아닌 승리하기 위해서 보호되어져 왔다. 이것으로 충분하다! 나는 그 저주들을 점령할 것이며 심지어 그 시체들이 물에서 나와 그 물위로 떠오르게 될 것이다. 그러나 나는 너를 지킬 것이다. 죽음의 악취가 오직 며칠 동안만 지속될 것이며, 나는 올해 8, 9, 10월에 내가 2년 전에 약속했듯이 올 것이다. 이 일이 반드시 일어날 것이라고 내가 약속했노라."

나는 충격에 몸을 떨었다. 이러한 종류의 예언은 내가 하던 것이 아니었고 죽음에 대해서 이야기하는 것은 매우 이례적인 것이었다. 나는 이제 이것이 무슨 의미인지를 설명해야 하는 갈림길에 서게 되었다. 그 예언은 영적이며 동시에 실재적인 사건의 혼합이었다. 그 예언의 일부분은 이중적인 의미를 포함하고 있었다. 하나님께서 "나는 믿음에 선 사람들을 택할 것이며, 나의 종 모세 혹은 나의 종 빌보를 지속적으로 대적하며 반대하는 자들을 멸망시킬 그 홍수위로 그들을 높일 것이라"(선구자적인 운동을 의미함)고 약속하셨다. 이 경우에 홍수는 유대인의 선지자중 한 사람이었던 이사야가 "서쪽에서 여호와의 이름을 두려워하겠고 해 돋는 쪽에서 그의 영광을 두려워할 것은 여호와께서 그 기운에 몰려 급히 흐르는 강물 같이 오실 것임이로다."(사 59:19) 라고 말했던 것처럼, 영적이며 홍수와 같은 의미로 하나님께서 당신의 뜻을 대적하며 말하는 세력들을 심판하시러 오신다는 뜻이다.

그러나 하나님께서 "나는 그 저주들을 점령할 것이며 심지어 그 시체들이 물에서 나와 그 물위로 떠오르게 될 것이다" 라고 하신 것은 실재적인 홍수를 언급한 것이라고 믿는다. 분명하게도, 그 저주들과 시체들은 고대의 영들을 다루는 것과 연결되어 있다. "그러나 나는 너를 지킬 것이다"(뉴올리언스)라는 뜻은 뉴올리언스가 완전히 전멸되지는 않을 것을 의미한다. "그리고 죽음의 악취가 오직 며칠 동안만 지속될 것이며,"라고 말씀하신 것은 영적인 것이라고 믿는다. 이 재난은 8월에 일어났으며 영적이며 실질적인 폭풍이 여름 내내 지속되었다.

2005년 8월 28일 주일날 할리우드의 모임에서 허리케인 카트리나가 상륙하기 전에, 내가 휴스턴에서 선포했던 그 예언의 말씀 녹음 테입을 다시 한번 들려주어야 한다는 생각에 이끌렸다. 그 시간에 뉴올리언스의 날씨 예보는 지독하게 불길했으며 나쁜 예감을 들게 했다. 나는 카트리나로 위협받고 있는 이 역사적인 도시를 위해서 사람들을 강대상 주위로 불러 모아 중보 할 것을 요청했다. 우리는 기도했고 하나님께 뉴올리언스를 긍휼히 여겨 주실 것을 요청했다.

격렬한 폭풍이 지나간 후, 나는 이 일이 일어나기 전에 하나님이 내게 말씀하신 것을 돌아보며 “이건 정말 정신 나간 짓이었어!”라는 생각을 했다.

나를 미쳤다고 하라

그 당시에 나의 가족과 친구들이, 심지어는 나 자신이 스스로를 미쳤다고 했을지도 모르겠다. 그러나 미친것처럼 보이겠지만 내가 하나님의 음성을 들을 때가 나의 삶을 통해서 가장 큰 활력을 갖는 시간이다.

때때로 나는 하나님의 음성을 음악과 조명이 있는 곳에서 사람들이 환호할 때 듣는다. 때로는 조용한 저녁식사 시간 혹은 내가 녹음실에서 혼자 음악을 연주하며 기도할 때, 또는 비행기 안에서, 영화를 보거나 수백만의 사람들이 생방송으로 나를 보고 있을 때, 나는 주님의 음성을 들을 수 있을 때까지 기다린다. 하나님의 음성을 듣는다는 것은 과거 수천년간 제정신이 아닌 행동으로 여겨지기도 했다.

이것은 정신이 이상한 사람들만이 하나님의 음성을 듣는 것처럼 보이며, 대부분의 사람들도 그렇게 이야기한다. 정말 우리가 미친 것일까? 우리의 평판이 땅에 떨어지는 위험을 감수하며, 우리가 확실하게 믿는 그 말씀을 듣기 위해서 모든 것을 던져버리는 우리의 행동이 무모한 것일까?

노아, 유대인의 선지자였던 엘리야, 잔 다르크, 마틴 루터 킹 주니어, 아브라함 링컨, 그리고 이 외의 많은 사람들이 하나님의 음성을 들었다. 사람들은 노아가 그의 삶을 통해서 한 번도 보지 못했던 비가 올 것을 대비하여, 그가 가지고 있는 유일한 증거인 하나님의 음성에 근거하여 방주를 만들 때 미쳤다고 손가락질을 했다(창

6:9~22). 그들은 용사였던 기드온이 하나님의 말씀에 순종하여 막대기와 등불만으로 수만의 적들과 싸우려 섰을 때에 미쳤다고 했다(사 7장).

사람들은 잔 다르크가 하나님의 비전을 받아 행동했으며, 프랑스가 영국의 압제로부터 회복되는 것을 성공적으로 도왔을 때 미쳤다고 했다. 사람들은 마틴 루터 킹 주니어가 "나는 꿈이 있습니다!"라고 연설했을 때 미쳤다고 했다. 사람들은 예수 그리스도께서 죽은 지 사흘 된 나사로의 무덤 앞에 서서 나사로가 걸어 나올 수 있도록 그 무덤을 막고 있던 돌을 치우라고 했을 때 미쳤다고 했다(요11:1~46).

나를 미쳤다고 말할수도 있겠지만, 나는 하나님의 음성을 듣는다. 당신도 그분의 음성을 듣고 있는가? 사람들이 당신을 미쳤다고 하는가? 아니면 현재에 만족하며 행복해 하는 당신에게 변화를 주어야만 질문하겠는가? 왜 종래의 방식을 모조리 바꾸려 하는 것인가? 아무런 변화 없이 모든 것이 진행되기 때문에 하나님이 종전의 방식을 바꾸어 버리기 원하시는 것일까?

하나님은 당신에게 말씀하기 원하신다

하나님은 우리와 친구처럼 대화하기 위해서 우리를 창조하셨다. 이것은 하나님께서 처음부터 원하던 것이었다. 누가 전능하신 하나님의 음성 듣기를 거절하겠는가? 하지만 불행하게도 많은 사람들이 하나님의 음성을 듣는 것을 원하지 않았다. 유대인들의 위대한 지도자였던 모세가 이스라엘 백성들이 하나님의 음성을 듣도록 격려했을 때, 그들은 하나님으로부터 멀리 떨어진 곳에 남아 있었다. 그들은 모세에게 그들을 대신하여 하나님의 음성을 들어달라고 요청했다(출 20:18~19).

하나님이 이스라엘을 애굽의 노예에서 해방시켜 자유를 허락하시고, 필요한 모든 것들을 공급해 주셨음에도 불구하고, 이스라엘은 하나님의 음성 듣기를 원하지 않았다. 어떻게 이스라엘 백성은 그들을 인도하신 하나님과 직접 교통하기를 거절할 수 있었던 것일까? 바로 이러한 이유로 하나님은 그분의 음성 듣기를 즐거워하며, 그 음성 듣기를 갈망하는 선지자들을 세우신 것이다. 하나님은 역사를 통해서 그분의 음성을 들을 뿐만이 아니라, 세상에 하나님의 말씀을 전달하기 원하는 사람을 선택하셨다. 당신도 하나님의 음성을 들을 수 있다. 지금 하나님은 당신에게 말씀하고 계신다. 당신은 듣기만 하면 된다.

만일 당신이 하나님의 음성을 듣게 된다면, 당신은 상식을 벗어난 꿈을 잘 알아야 한다. 왜냐하면 하나님은 이성의 영역 밖에서 역사하시기 때문이다. 이성은 논리의 과정을 통해 생성된 판단의 한 형태이다. 당신이 이성의 영역 안에서만 움직인다면, 우리가 상식이라고 부르는 올바르고 현실적인 것들만을 판단하게 된다. 그러나 전에는 일어나지 않았던 일들이 이성을 통해서 성취된 예화가 구약성경에 있다면 나에게 보여 달라.

"기도는 비를 간구하지만 믿음은 우산을 가져가게 한다." 나는 이것을 하나님께서 당신에게 비가 올 것이라고 말씀하셨을 때, 믿음이라는 것은 방주를 만들게 한다고 한 걸음 더 나아가 이야기 하고 싶다. 당신의 기대가 너무 웅대한 것이기에 당신은 이성의 영역 밖에서 무엇인가를 만들기 시작할 것이다. 하나님은 노아에게 비의 징조를 보여주시지 않은 채로 방주를 지으라고 말씀하셨다. 이것은 상당히 비현실적이다. 예수께서 베드로에게 시저에게 바칠 돈을 얻기 위해 고기를 잡으러 가라고 말씀 하셨다. 베드로는 갔고 그가 잡은 첫 번째 물고기의 입속에 은전이 있었다. 이것 또한 비이성적인 것이었다(마17:24~27). 그러나 이것으로 인해서 세금을 바쳤을 뿐만 아니라, 베드로도 음성을 듣고 순종했기 때문에 하나님은 이전에 결코 일어나지 않았던 일을 일어나게 만드셨다. 하나님은 같은 일을 반복해서 하실 필요가 없으신 분이시다. 만일 하나님이 원하신다면 그 분은 같은 일을 반복해서 하실 수 있으시다. 그러나 이러한 일이 일어나는 이유는 하나님의 명령에 단순하게 순종하여 행동할 수 있는 사람을 찾지 못하셨기 때문이다.

역사를 통해보면 하나님의 음성을 듣고 순종하여 행동한 모든 사람들은 이전에는 일어난 적이 없던 일을 성취할 수 있었다. 모세는 지팡이로 바다를 둘로 나누라는 말씀을 들었다. 바다를 둘로 나누는 것은 비이성적이며 인간에게는 불가능한 일이었다. 그러면 왜 하나님은 불가능한 것을 성취하시기 위해서 불가능한 방법을 선택하신 것일까? 왜냐하면 그러한 종류의 기적을 행하기 위해서는 이성적인 방법이 존재하지 않기 때문이다. 하나님은 우리의 방법이 아닌 그 분의 방법을 사용하신다.

반복은 생각, 마음, 그리고 영을 둔하게 만든다

미국의 시인인 스노드레스가 "만일 당신이 할 수 있다고 알고 있는 무엇인가를 한다면, 그것은 아무것도 하는 것이 아닙니다."라는 글을 썼다.[1]

사람은 자신이 알고 있는 친숙한 것들 주위로 몰려드는 성향이 있다. 역사는 우리로 하여금 안전하게 느끼도록 만든다. 그러므로 새로운 생각은 즉각적으로 놀림과 회의적인 의견을 얻게 될 수도 있다. 그러나 하나님은 위험을 감수할 준비가 되어 있고, 창조적인 사람들에게 말씀하실 것이다. 동일한 것을 반복하는 것은 사람들을 둔감하게 만든다.

음악을 예로 들어보자. 최근에 내 딸과 사위가 숯불구이 파티를 하기 위해 우리 집으로 왔다. 나는 딸이 머무는 동안 70년대의 음악을 틀어놓은 것에 관심이 갔다. 이것이 나에게 흥미로웠던 이유는 그들은 랩과 락 음악에 심취한 세대였기 때문이다. 나는 내 사위인 존에게 70년대 음악을 듣는 이유를 물었고, 존은 "오늘 날의 음악은 90년대에 유행했던 음악을 다시 만든 것에 불과하기 때문에 이런 음악을 듣는 것이 너무 지루해요, 그래서 우리는 진정한 창조로부터 시작된 음악을 듣고자 해요" 라고 대답했다.

오늘 날 창조성이 결여된 음악을 듣는 것은, 우리가 들을수 있는 능력을 오히려 저하시켜 무감각하게 만드는데 원인을 제공한다. 그 결과로 노래의 가사들은 외설적이 되었는데 대부분의 경우 인간의 악한 본성이 사람의 개인적인 감정들을 외설적으로 표현하게 만든다. 당신이 일단 어떤 교착 상태에 빠지게 되어 알 수 없는 두려움에 빠져들면, 이러한 음악을 들을때 무감각해지는 것이다. 오늘 날 콜 포터스(Cole Porters), 무디 워터스(Moody Water), 베토벤(Beethoven), 비틀스(Beatles), 듀크 엘링톤(Duke Ellingtons) 그리고 폴 사이몬(Paul Simon)과 같은 음악인들은 다 어디에 있는가?

당신은 복제품이 아니다

당신이 행하지 않은 것에 의해 자신이 제한되지 않도록 하라. 만일 우리가 이 땅에 태어난 목적대로 행하지 않는다면, 우리는 우리 세대에 속하지 않은 다른 사람들을 가장 훌륭한 지성인으로 인정하는 것과 같다.

당신은 종교적인 복제품이 아닌 인격적인 존재이다. 유전적인 복제는 종교의 보좌인 사탄의 회당에서 태어난 것들 중 하나이다. 종교는 모든 것을 빽빽하게 조정하여 수백만의 의로운 사람들의 상상력에 굶주림을 제공하며, 성령의 창조성을 폄하하고, 우리에게 이전에 성공적이었던 것을 반복할 것을 권한다.

어떤 방식으로든 예언적이 된다는 것은 종교 시스템을 모욕하는 것이다. 그 이유는 종교 시스템은 사람들의 선한 행위로 성취된 일들을 통제하는 가운데 그 세력을 넓혀가기 때문이다. 이렇게 함으로서, 그들은 사람들을 종교 지도자들의 복제품으로 만드는 것이다. 실재로 성경에는 이러한 것에 대한 어떤 정의도 기록되어 있지 않다. 불가능한 것을 다룰 때에 당신은 반드시 하나님의 음성을 듣고 행동해야 한다.

나는 너무나 많은 그리스도인들이 하나님을 경험한 순간을 미신적인 것으로 만드는 것을 보아왔다. 갑자기 경험이라는 것이 새로운 단어로 자리 잡게 되었으며, 그로 인해서 밖에 있는 모든 사람들이 이처럼 놀라운 경험을 똑같이 할 수 있다고 생각하게 되었다. 당신은 박물관의 전시물처럼 되어버렸고, 이전 과거에 승리했던 기억들을 지속적으로 상기시키며, 그리고 불붙은 가시덤불을 계속 타게 하는 노력을 하는 사람들에 의해서 만들어진 원리들 밖에서 일어난 똑같은 기적들을 시도하고 있다.

오늘 날에 불타고 있는 가시덤불을 경험하는 것은 상업화되었고 이미 팔려져 버렸다. 설교자들은 타다 남은 재를 가지기 위해서 시내 산을 향해 여행하였다. 책들은 하나님께서 어떻게 말씀하셨고 어떻게 하면 당신도 같은 경험을 가질수 있는지 이야기해 왔다. 하지만 기억 할 것은 하나님이 말씀하시는 동안 그 가시덤불은 지속적으로 타올랐지만, 말씀을 마치신 후에 그 덤불은 재가 되어버렸다. 오늘 날의 많은 사람들이 하나님의 음성을 쫓아 행하기 보다는 타다 남은 재 주변에 모여 있기를 원하고 그 덤불에 불을 붙이려고 하고 있다. 모세는 하나님께서 말씀하신 비이성적인 장소와 환경을 쫓았다. 그는 그렇게 했고 사람들은 그를 미쳤다고 했다.

모든 것을 때를 따라 아름답게 하셨고... (전도서 3:11)

예언적인 꿈은 분명한 이유들을 가지고 시간이라는 영역 밖에서 주어진다. 꿈은 선택받은 사람들에게 임하며 보통은 희미하고 분명하지 않다. 그러나 시간이 지나면서 초점이 변하며 명확해진다.

다음의 예들은 모든 것을 때를 따라 아름답게 하신 것을 증명하는 꿈과 시간 밖에서 일어난 것들이다.

- 사람들은 갈릴레오가 망원경으로 그 당시 교회가 초기에는 거절했던 하나님의 창조의 한 부분이었던 우주와 행성들을 보고 완성시켰던 이론을 들었을 때 그를 미쳤다고 했다.

- 사람들은 콜럼부스가 새로운 세계가 있다는 것을 증명하기 위해서 찾아 나서려 할 때 미쳤다고 했다.

- 아인슈타인이 상대성 이론으로 빛의 운동에 대해서 이야기 했을 때 사람들은

그를 미쳤다고 했다.

- 세계 최초로 수소 연료를 사용하여 로케트를 높은 고지에 도달 할 수 있게 할 수 있다고 꿈꾸었던 로버트 허칭스 가다드를 보고 사람들은 미쳤다고 했다. 가다드는 "모든 비전은 한 사람이 그것을 성취하기 까지 농담으로 여겨진다. 하지만 이것이 성취되었을 때에 비로소 평범한 것이 된다"라고 이야기 했다.

당신이 혼란과 논쟁을 가져올 것이라고 알고 있는 것을 즉각적으로 행하는 것은 결코 쉬운 일이 아니다. 만일 당신이 당신의 삶을 성령을 통해 살기를 원한다면 당신의 마음, 감정 혹은 인간적인 두려움이 아닌 성령 하나님의 인도하심을 받게 될 것이다.

하나님의 음성을 듣는다고 주장하지만 하나님의 고유한 성품 밖에서 행동하는 사람들이 있다. 보통 그들은 이기적인 동기에 사로잡혀 있으며 창조적이지 않은 광신자들이다. 이러한 것이 절대 하나님의 음성일 수 없다. 왜냐하면 하나님은 사랑이시고 다른 사람을 결코 해치지 않으시기 때문이다. 하나님의 영이 당신에게 말씀하실 때 이것은 하나님께서 과거에 어떻게 역사하셨는지에 따라 정의되어 질것이지, 결코 어떤 사람들의 생각에 의해서 다시금 정의 되지 않을 것이라는 사실을 기억해야 한다. 그것이 성경이 우리의 인도자가 되는 이유이다.

예수님께서 "네 이웃을 네 몸과 같이 사랑하라"(마 22:39)라고 우리에게 가르치셨다. 하나님이 당신에게 말씀하실 때 보통은 당신이 어떻게 사람들을 혹 가족 또는 친구들을 도울 수 있을 것인가에 대해서 말씀하신다는 사실을 이해하는 것은 중요한 일이다. 이것은 다른 사람의 복지나 개인의 삶을 침해하기 위한 목적이 아니다. 조종하려는 것이 동기가 되는 순간 당신은 미쳤다고 불리지 않을 것이다. 왜냐하면 당신은 정말 미쳤기 때문이다.

나는 당신에게 하나님이 당신에게 말씀하실 바로 그 날이 지상에서 편안함을 경험하는 마지막 날이 될 것임을 확신한다. 그러나 당신이 잃어버린 편안함은 종교가 제공하는 반복적이고 지루한 삶이다. 죽은 종교는 상상력의 기아를 초래하는 편안함만을 제공할 뿐이다. 이것이 상상력을 굶겨 죽인다. 나는 당신에게 이전에는 일어나지 않았던 무엇인가를 성취하기 위해서 움직일 수 있도록 자극하기 원한다.

각 주

1. Willam DeWitt Snodgrass, http://www.creativequeststudio.com/newsletter.html. 에서 인용함.

Call Me Crazy

2.

미래의 소리

나는 닫힌 문 뒤 멀리에서 음악 소리를 들을 수 있었다. 나는 벽에 등을 기대어 물때가 낀 천장을 바라보며 차가운 마룻바닥에 앉아 있었다. 나의 손은 촉촉하게 젖어 있었으며 심장은 꿍꽝거리고 있었다. 나는 주위에 앉아있는 다른 아이들을 바라보았다. 그리고 그들 모두가 나와 같은 느낌을 가지고 있다는 것을 알게 되었다. 그것은 완전한 두려움이었다.

내 음악 훈련은 항상 혹독한 것이었다. 그러나 그날 나는 다양한 나이의 아이들과 함께 시험을 치르게 되었다. 너무 어리다는 것이 두려움을 느끼게 만들었다. 나는 나와 함께 시험을 치르기 위해 기다리고 있는 아이들 중 가장 어린 여덟살이었다. 우리는 나이에 따라 평가 받지 않았다. 오늘 우리는 함께 앉아 있었고 피할 수 없는 순간, 우리가 꿈꾸고 있던 그 시험이 다가오고 있다는 것을 알고 있었다.

우리의 음악적인 능력은 과거의 위대한 음악가들의 고통이며 열정이었던 웅장하고, 고전적인 음악의 연주로 평가받게 된다. 베토벤, 바하, 슈베르트, 그리고 모차

르트와 같은 사람들이 작곡한 것들을 우리가 연주하게 될 것이며, 그것은 우리의 결과가 달린 시험이었다.

우리 모두가 시험 평가를 받기 위해 또한 그 마지막 시험을 감독하기 위해서 런던에서 교수들이 내 고향 남아프리카 오이텐하흐로 왔었다. 우리 모두는 천주교 학교의 복도에서 불안해하며 차례를 기다리고 있었다. 나는 시험을 치는 학생들이 그 커다란 나무문을 들어가며 나오는 모습을 바라보면서, 열린 창문으로 들어오는 바람과 아침의 따스한 햇살을 느끼고 있었다. 이것이 어린 아이의 생각이라고 하기에는 참으로 흥미로운 것이었지만 그러나 이것이 내 안의 깊숙한 곳에 남아 있었다. 나는 압도하는 내 심장소리를 귀로 들으며 기다리고 있었다.

드디어 내 연주 차례가 되어 악보를 바로 보았는데, 갑자기 이것이 무척이나 낯설게 느껴졌다. 나는 이 음악을 천 번도 넘게 연습했다. 그러나 나는 두려워하고 있었다. 어떤 이들은 이것을 무대 공포증이라고 부른다.

"클레멘트군은 6학년 수준의 고전 음악에 대한 것을 시험으로 치루게 될 것입니다. 나를 따라 오세요." 나는 내가 어떻게 일어났는지도 모른다. 왜냐하면 내 다리가 있는지도 몰랐기 때문이다. 다리들이 움직이고 있다는 것은 확실했다. 왜냐하면 내가 그 마룻바닥을 걸으면서 내가 신은 구두가 움직일 때마다 비어있는 복도를 울리는 삐걱거리는 소리를 들을 수 있었기 때문이었다. 나는 긴장을 풀어보려고 내가 당장 해야 할 일을 너무 심각하게 생각하지 않으려고 노력했다.

나의 시험을 감독 할 그 연약해 보이는 노인이 자리에서 일어나 내 얼굴 앞으로 손을 내밀기까지의 몇 초의 시간이 내게는 몇 시간처럼 느껴졌다. "클레멘트군, 6학년 수준의 시험입니다. 시작할 준비가 되었나요?"라고 말했다. 나는 그 감독관에게 내가 지금까지 배우려고 노력했던 그 음악에 대한 아무런 기억을 할 수 없다고 고백하고 싶었지만 나는 잠긴 목을 풀고 "내 손은 준비가 되었지만 내 마음은 그렇지 않습니다"라고 말함으로서 감독관과 나 자신을 놀라게 만들었다. 그 교수는 잠시 주춤하고는 내가 마실 물이 필요한지를 물었다. 나는 거절했고 피아노를 향했다.

시험은 감독관이 연주하는 코드를 보지 않고 맞출 수 있는 지를 알기 위해서 '청음' 이라고 불리는 시험을 실시했다. 나는 그 시험을 기억하지 못하지만, 오직 내가 집중했다는 것은 기억한다. 그 교수는 피아노로 몸을 웅크렸고 여러 가지 코드를 연주하기 시작했으며, 나에게 그것이 무엇인지를 보지 않고 대답하게 했다. 몇 분후에 나는 그가 "불가능해"라고 혼잣말 하는 소리를 들을 수 있었다.

나는 그 교수를 등지고 서 있었다. 그러나 그의 놀랍다는 혼잣말을 듣고는 뒤를 돌아 보았다. 그는 나를 노련한 지혜와 오래된 경험으로 불가능하다고 믿고 있었던 것을 본 것처럼 나를 바라보고 있었다. 그가 바라보던 눈길은 감탄이었으며 놀라움이었다. "킴 클레멘트의 귀는 완벽해요. 나는 지금까지 내가 연주한 코드를 정확하게 그리고 실수 없이 알아 맞힌 학생을 평가해 본 적이 없어요. 당신은 하나도 틀리지 않았어요!" 그는 뒤로 몸을 젖혔고 그의 눈에는 놀라움이 스쳐 지나갔다. "나는 내 호기심을 만족시키기 위해서 당신에게 속임수를 쓸 것입니다."

나는 조용히 다시 돌아섰다. 나는 이것이 시험 속의 시험이라는 것을 깨닫고는 긴장과 떨림으로 다시 돌아왔다. 얼마나 오랫동안 나는 이것을 참아내야 하는 걸까?

나는 눈을 감았고 그 순간 속으로 동화되었다.

하나 혹은 두 개의 코드, 저음, 고음의 코드가 연주되어진 약 10분후에 교수는 갑자기 피아노 연주하는 것을 멈추고 나에게 아무런 말도 없이 문밖으로 걸어 나갔다.

나는 그가 떠나는 것을 거기에 서서 바라보며 모든 것이 잘 되었고, 밖으로 나가 편안히 집으로 돌아가게 되기를 희망했다. 내가 불안해 하며 기다리고 있는 동안 나는 마음의 갈피를 잡지 못했다. 나는 사람들 앞에 서있는 나의 모습을 상상했다. 나는 연주하며 노래를 부르고 있었고 무대의 화려한 조명이 나를 비추고 있었다. 나는 그런 음악을 상상할 수 없었지만 비록 나의 손이 나이 들어 보였고, 결혼 반지를 끼고 있었다. 또한 나는 미친 사람처럼 피아노를 연주하고 있는 내 모습을 보았다.

나는 문이 열리는 소리를 들었고 그 교수가 들어오면서 즉시 현실로 돌아왔다. 그는 1900년 초기부터 연주를 해왔으며, 내가 그의 나이든 몸이 그 큰방을 가로질러 걷기 위해 애쓰는 것을 보면서 그가 젊었을 때 어떻게 걸었는지를 볼 수 있었다. 그는 명인이었다. 오케스트라의 지휘자였으며 그것에 대한 명성이 분명하게 보였다. 그는 내 앞에 섰으며 나에게 악보를 보고 그 자리에서 연주 할 것을(sight-reading) 요청했다.

나는 이런 요청이 싫었다. 그 순간 내가 이전에 들어보지 못했지만 그 자리에서 악보를 보고 전체 음악을 연주해야만 했다. 감독관들은 우리를 이러한 방식으로 시험했는데, 이것은 우리가 미리 연습하지 아니하고 그 음악을 보고 해석하여 연주할 수 있는지를 보기 위함이었다. 나는 피아노에 앉아 내 앞에 있는 음악을 연주하기 시작했다. 나는 연주하려고 했지만 참담하게 실패했다. 하지만 그것이 시험의 끝은 아니었다.

그 교수는 감독관의 의무를 떠나서 갑자기 내 연주를 멈추게 한후, 당시 8살짜리였던 내게 다른 것을 해보라고 요청했다. "킴군의 악보를 나에게 주세요." 나는 떨리는 손으로 그것을 감독관에게 건네주었다. "만일 킴군이 이 음악을 기억하고 있다면 이제 그 악보를 따라 연주해 보세요." 나는 더 이상 그 날의 스트레스를 느끼지 않고 있었고 내가 연주하면서 그러한 느낌과 연결되었다. 나는 고개를 들어 눈을 감고 연주하기 시작했다. 나는 연주를 끝냈고 평가표를 내려다보고 있는 교수를 쳐다보았다. 그는 감동을 받아 방금 보고 들은 것에 의해서 당혹스러워 하고 있다는 것이 분명했다.

그는 서서 그 날의 시험을 마치고 최종 평가를 하기 위해서 나에게 지금까지 연습했던 악보를 펴라고 요청했다. 내가 연습한 곡은 총 28장이나 되는 것이었다. 그리고 비록 내가 연습에 연습을 거듭했지만 그 악보를 보지 않고 연주할 수는 없었다. 나는 자세를 바르게 하고 연주하면서 그 악보를 보려고 노력했다.

나는 한 장을 넘겼고 그리고 그 다음 장, 그 음악을 완벽하게 끝 마치기까지 반복했다. 갑자기 그 교수가 "멈추세요"라고 외쳤다. 갑작스러운 소리에 놀라 나는 피아노에서 손을 떼었고 내 앞만 응시하고 있었다. 그가 가까이 접근하는 것을 나는 피아노로 반사되어진 모습을 통해 바라보고 있었다. "나는 킴군이 연주한 악보와 같은 것을 보고 있지만 킴군은 그 악보를 제때에 넘기지를 않았어요. 킴군은 이 음악을 읽고 있는 것이 아니라 모두 외워서 연주했으며 그 연주는 완벽했어요!"

나는 그 어떤 대답도 할 수 없었고 혼란과 두려움으로 그를 바라보고 있었다. 나는 어린 아이였다. 그리고 나는 내가 어떻게 그렇게 할 수 있었는지도 모른다.그 교수는 내 음악 선생님에게 내가 가지고 있는 설명 할수 없는 이상한 특성들 때문에 나를 음악적으로 제대로 평가하는 것이 불가능하다고 말했다. 이것이 내가 처음으로 경험한 초자연적인 것이었다. 이것이 내가 앞으로 살아가게 될 이상하고, 어렵고, 그리고 독특한 삶을 처음으로 희미하게나마 본 것이었다.

내가 듣는 소리를 발전시키다

나는 남아프리카 공화국 동쪽에 위치하고 있는 포트 엘리자베스라는 작은 동네에서 태어났다. 나는 평범한 남아프리카 가정에서 태어났고 성장했다. 나는 비비안 그리고 바벳 클레멘트 부부의 둘째 아들이었다.

내 부모님은 고전 음악에 대한 깊은 애정을 가지고 있었고, 적어도 그들의 네 자녀들 중 누군가가 위대한 고전 음악가가 되기를 꿈꾸었다. 이러한 이유로 우리 형제 네 명은 어려서부터 음악 훈련을 받기 시작했다. 나에게는 형 베리와 남동생 데이비드 그리고 아주 어여쁜 여동생 셸리가 있었다. 우리 형제들은 각각 연주하는 악기가 있었고 나는 피아노를 연주했다.

우리는 때때로 교회에 갔지만 거의 그곳에서 들은 성경의 이야기를 기억하지 못했으며,그것들이 무슨 의미인지에 대해서도 깊이 생각하지 않았다. 나는 실제로 주일학교에서 쫓겨났던 것을 기억한다. 그리고 그 이후로 어머니는 나에게 더 이상 교회에 가지 않아도 된다고 말씀하셨다. 가끔 결혼식과 장례식에 참석하기 위해서 교회에 갔었던 것이 내 삶에 있어서 교회 경험의 전부였다.

나는 내 인생에 있어서 음악적인 여정을 고모인 벨의 지도로 다섯 살 때부터 시작했다. 일주일에 몇 번 정도 우리 집에서 조금 떨어져 있던 고모 집으로 교습을 받기 위해 걸어 다녔다. 나는 고모가 남편 월터와 함께 살고 있던 그 집에서 났던 케케묵은 냄새를 기억한다. 스테인 글라스로 된 창문, 오래된 나무 마루 그리고 긴 식탁이 나의 교실의 일부였다. 그리고 나는 그 피아노를 기억한다.

음악에 대한 큰 애정이 있던 벨 고모는 강한 성격의 소유자였다. 또한 그녀는 나의 재능을 발전시키기 위한 훈련에 있어서 무척이나 엄격했다. 내가 실수를 하게 되는 경우에 내 손등을 긴 연필로 사정없이 내리치곤 했다. 이것이 내 손을 아프게 했으며 추운 공기로 인해서 그 고통은 더욱 심했다. 하지만 나는 나의 분노를 삼키고 인내했다. "너는 지금 기차를 타려고 하는 게 아냐, 그러니까 천천히 연주해!" 내가 피아노 수업을 긴장 가운데 마치려 노력하면, 고모는 나에게 이렇게 큰 소리를 질러대곤 했다.

벨 고모와 공부하는 동안 나는 근처에 있던 런던 트리니티 음악대학의 분교에 등록했다. 나는 하루에 두 시간 혹은 세 시간씩 피아노 연습을 하도록 강요당했다. 당신이 상상하듯이 어린이에게 이것은 무척이나 하기 힘든 일이었다.

어머니는 우리 네 명의 형제들 모두가 음악 훈련을 받게 했다.나의 의지와는 상관없이 어머니는 자주 여러 친교 모임에서 내가 연주하도록 만들었다. 나는 구경거리가 되는 것과 내가 알지 못하는 사람들을 기쁘게 하기 위해서 연주한다는 것에 대해서 불쾌하게 생각했다.

그러나 내가 음악인으로서 그리고 한 사람의 인격적인 존재로 성장하면서, 나는 나의 음악적인 재능으로 유명해지는 것을 꿈꾸기 시작했다. 나는 전 세계를 돌아다니며 수 많은 사람들 앞에서 연주하는 것에 대한 환상을 가졌고, 그러한 미래를 이루길 원했다.

내가 열 살이 되었을 때, 나는 연습하는 것과 연주하는 것을 즐기기 시작했다. 나는 음악 연습을 자발적으로 하기 원했고, 어머니의 친구들과 손님들 앞에서 연주하는 것에 대해 더 이상 불편하다고 느끼지 않게 되었다.

나는 어느 날 볼 일을 보기 위해서 어머니와 동네길을 함께 걷고 있었다. 나는 피곤했기에 더 이상 어머니의 모임에 쫓아다니는 것을 참을 수 없게 되었다. 어머니가 내게 빨리 오라고 부를 때면, 그 날카로운 소리는 내 귀를 찢었고, 그것은 어린 아이로서 여전히 뛰어 놀고 싶어 하던 내게 지루한 여정을 계속해야 한다는 것을 상기시켜 주었다. 우리는 그 곳에서 학교 연극에 사용될 옷감을 구입해야 했다.

그 옷감 가게를 나오면서 어머니는 나를 우리 동네에 살고 있던 점쟁이에게 데리고 갔다. 그 점쟁이는 나의 손을 잡고 점을 치기 시작했다. 그 점쟁이는 나에게 내가 음악가로서 전 세계를 돌아다니게 될 것이며 아주 유명해 질 것이라고 했다. 이러한 점쟁이의 칭찬때문에 나는 억압들로부터 벗어나게 되었다. 나는 그 당시 내가 이루고자 꿈꾸었던 것을 정확하게 그려내는 것을 바라보면서 경이로움으로 그 점쟁이의 이야기를 들었다. 나는 조금 두려웠지만 그 신비로운 공기에 의해서 흥미로움을 갖게 되었다.

우리는 점쟁이의 집을 떠나면서 아무런 말도 하지 않았지만, 그런 종류의 강신술을 향해 기울어져 있던 어머니가 그 무당의 말을 가슴깊이 새긴 것을 알 수 있었다. 나에게 이러한 경험은 내 짧은 삶가운데 몇 번 되지 않았던 교회 방문에서는 감지하지 못했던 초자연적인 세계에 눈을 뜨게 만들어 주었다.

다른 세계로부터 온 목소리

나는 내가 열 한살 때 놀라운 일이 일어났던 것을 기억한다. 학교 점심시간에 아이들과 함께 뛰어 놀고 있었다. 내가 다른 아이들을 헤집고 지나갈 때 나는 내 귀에 "숙여!"라고 속삭이는 소리를 들었다. 나는 즉시 반응했고 나무 앞의 바닥에 엎드렸다. 그 순간에 나는 누군가 소리 지르는 동시에 내 머리위로 어떤 물체가 날아가 나무에 부딪히는 것을 보았다.

며칠 전에, 잘 알려져 있던 불량스러운 아이가 나를 괴롭히기로 작정하고 다른 아이들이 보는 가운데 내 급소를 걷어찬 일이 있었다. 나에게 그것은 고통스럽고 창피한 일이었다. 나는 나에게 날아왔던 물체가 무엇인지를 보려고 했을 때, 그 불량스러운 아이가 나를 넘어뜨리기 위해서 전속력으로 나를 향해서 돌진해 왔었다는 것을 깨달았다. 불행하게도 그는 나를 비껴갔고 나무와 충돌한 것이었다. 그는 충격을 받았고, 상처를 입은 체 초라하게 떠나갔다. 나는 조금은 이상하게 생각했고 또한 놀랐으며 아마도 그 아이보다 더 혼란스러운 느낌으로 일어나 서 있었다.

내가 들은 그 단어는 분명하고, 귀로 들을 수 있었던 소리였기에 주저함 없이 즉시 반응했다. 다른 세계로부터 온 그 소리는 나에게 불필요한 고통과 분쟁을 불러 일으킬 수 있던 것을 방지할 수 있도록 행동하게끔 했다. 나는 이 모든 것이 미래에 일어나게 될 더 큰 중재와 개입이 필요할 때를 위해서 준비시키는 것이었음을 믿는다.

나는 며칠 후 기대치 않게 매우 이상한 일을 시도하게 되었다. 나는 바람이 더 크고 거칠게 불 것을 요청했다. 즉시로 바람은 불기 시작했고 내 발밑으로 모여 있던 모래들이 믿을 수 없을 만큼의 거친 소용돌이를 만들며 도는 것을 보았다. 나는 나의 눈을 가렸고 몇 초 후에 그 바람은 잠잠해 졌다.

바람의 소리를 듣다

비록 그 당시에 나는 하나님에 대해서 아는 것이 아무것도 없었지만, 이것이 우연히 일어난 것이 아니었다는 것을 안다. 나는 이러한 초자연적인 일들에 흥미를 느꼈으며 이런 경험들을 생각하며 걷고 있었다. 나는 갑자기 멈춰서야 하며 무엇인가를 들어야 한다고 느꼈다. 바람이 부드럽게 불기 시작했고 나는 기다렸다. 나는 그 목소리를 다시 들었다. 이것은 "들어라"라고 했고 나는 멈춰 서서 그것을 들으려 노력했다. 그러나 아무것도 들을 수 없었다. "바람소리를 들어라" 이번에도 나는 멈춰 서서 들으려고 노력했고 그리고 그것을 마침내 들을 수 있었다.

잠시 동안이었지만 나의 자연적인 보고 듣는 능력을 넘어서는 무엇인가를 인지할 수 있었다. 내가 본 것은 오래 된 성이었다. 이것은 회색이었고 웅장했다. 그리고 이것의 담장으로 사람들이 소리치는 소리를 들을 수 있었다. 그들은 마치 전투에서 엄청난 승리를 얻은 것처럼 소리치고 있었다. 지금 이 이야기를 하면서도 나는 그 순간을 기억하며 전율을 느끼고 있다.

그러한 경험을 동반했던 느낌은 특별했고 독특한 것이었다. 그리고 그 날 이후로 이러한 일들이 자주 일어났다. 그러한 것을 내가 느낄 때 마다 나는 친구로부터 음성을 듣게 될 것이라는 것을 안다. 나는 내가 바람을 마음대로 부릴 수 있다는 망상을 가지고 있지 않다. 하지만 이러한 경험들이 하나님이 우리와 교통하시기 위해서 신비한 방법으로 역사하신다는 것을 나로 하여금 믿게 만들었다. 하나님이 필요하신 것은 시간을 들여 듣고 반응 할 사람들이다.

나는 어린시절에 여러 가지 이상하고 초자연적인 경험을 했다. 그 당시에는 몰랐지만 지금 나는 이것이 어렸지만 나에게 주어진 은사가 발동한 것이라고 믿는다. 그러한 은사, 특별히 음악을 통해서 표현될 나의 열정이 내 안에서 형성 되어가고 있었다.

바로 그 해에, 나는 밴드를 결성할 생각을 행동으로 옮겼다. 어느 날 우리집 문에 초인종이 울려 나는 문으로 달려 나갔다. 어떤 신사가 내 앞에 서 있었으며 아버지를 찾고 있었다. 그는 내가 신문에 게재한 밴드 멤버를 찾는 광고를 보고 찾아와 킴 클레멘트를 만나기를 원했다. 나는 "내가 킴 클레멘트 인데요"라고 대답했다. 나는 그 사람이 나를 믿지 않았다는 것을 말할 수 있다. 어쨌든 나는 열 한살 이었고 내가 그 사람을 놀리고 있는 장난꾸러기라고 생각했음이 틀림없었다.

나는 그 사람을 집 안으로 초대했고 그 광고를 냈다는 것을 설명했으며, 내가 바로 밴드에 참여 할 사람들을 구하고 있다고 이야기 해 주었다. 그 사람이 여전히 믿지 않았기에 나는 내가 가지고 있는 오래된 피아노 앞으로 그를 데려갔다. 그리고 그 당시에 유명했던 "Puppet On a String"이란 곡을 마치 내가 오디션을 보는 사람처럼 연주하기 시작했다. 그의 의심하는 눈초리가 인정함과 흥분으로 바뀌었다. 그 사람은 장난스럽게 그 오디션이 무척 훌륭했다고 말해 주었다. 그가 바로 우리 밴드의 매니저이자 리드기타리스트가 된 마크 4세이다. 우리는 이내 지역에 있던 나이트 클럽들에서 연주 초청을 받았고, 점점 더 유명해지기 시작했다. 심지어 우리는 여러 상도 받게 되었고 지역신문에 기사가 나가기도 했다.

소리 가운데 하나님을 발견하기

바로 그 즈음에 우리 형제는 침실과 연결되어 있던 다락방으로 오르내리고 있었다. 나의 형인 베리는 나보다 크고 힘도 셌다. 그리고 형과 함께 장난을 치다가 열려 있던 벽장으로 내동댕이쳐졌다. 나는 등과 엉덩이 쪽으로 엄청난 고통을 느꼈으며 형이 나를 침대로 가는 것을 도와주기까지 누워 있어야만 했다. 우리는 이 사실을 부모님께 숨겼는데 그 이유는 우리가 다락방에 올라갔던 것을 부모님이 안다면 꾸중을 들을까 두려워 했기 때문이었다. 그리고 특히 내가 다쳤다는 것을 알게 된다면 더욱 그러했다.

다음 날 나는 학교로 걸어가던 중 갑자기 어제의 고통이 두 배로 느껴졌고 발걸음을 옮기지도 못하게 되었다. 하지만 이상하게도 이 길은 내가 바람의 소리를 경험했던 바로 그 길이었다. 지금까지 나는 마음으로 그것을 분명하게 볼 수 있다. 나는 천천히 고통을 참아가면서 학교까지 걸어갔다. 내가 학교에 도착했을 때 선생님은 즉시 부모님에게 연락을 취했고 나를 병원으로 데려가도록 했다. 나는 병원으로 이송되었고 그들은 내가 엉덩이 부분에 상처를 입은 것을 보여 주었다. 나는 불가피하게 3달 동안 병원신세를 지게 되었다. 이것은 나에게 무척이나 안타까운 일이었다. 나는 3달 동안 병원 침대에 누워 있어야만 한다는 사실과 피아노를 연주 할 수 없다는 이유 때문에 어린 나이에 우울증에 빠지게 되었다.

어느 날, 내가 병원침대에 누워 있을 때 성공회 신부 한 사람이 병실로 들어오는 것을 보았다. 그는 검은 바지와 셔츠를 입고 있었고 그의 깃 위로 하얀색이 드러나 있는 것을 보아 그가 사제중 한 사람이었다는 것을 알 수 있었다. 그런데 나를 보며 따뜻한 미소를 지으신 신부님이 내 침대로 다가와 앉아 이렇게 물었다. "내가 너와 함께 기도하는 것을 허락해 주겠니?"

"아니오, 나는 기도하기 싫어요!"라고 대답했다. 그는 나의 눈을 똑바로 쳐다보았고 "예수님은 오늘도 여전히 거리를 걷고 계시단다. 그리고 언젠가 너는 그 분이 필요하게 될 거야. 만일 네가 그 분의 이름을 부르면 그 분은 너에게 걸어와서 너를 만져주실 것이다"라고 말했다.

나는 그 누구도 그렇게 이야기 하는 것을 들어본 적이 없었다. 그 사람이 병실을 떠나가는 것을 바라보며, 나는 내 안에 호기심이 발동했다는 것을 감추기 위해서 뒤돌아 누웠다. 이 말들은 나의 인생에 있어서 가장 중요한 순간이었다.

나는 십대의 시간을 70년대 음악인들의 전형을 따라서 살았다. 나는 12살 때부터 마리화나와 같은 마약을 복용하기 시작했다. 14세에 내 입에 담배를 문채로 학교가는 기차에 오르곤 하였다. 내가 17살이 되었을 때 나는 헤로인에 중독되어 있었고, 우리 세대를 사로 잡은 어두운 락앤록 음악에 심취 되어 있었다. 알리스 쿠퍼, 레드 제플린, 제쓰로 툴, 그리고 딥 퍼플과 같은 가수들이 나의 우상이었다.

나의 삶의 전환점

내 나이 17살이었을때, 나는 포트 엘리자베스에 있던 클럽에서 연주를 하고 있었다. 그 날밤은 연주를 마친후 바로 화장실에 가서 헤로인을 복용했다. 그 마약의 영향으로 나는 정신을 잃었고, 잠시후 누군가가 내 어깨를 치는 것을 느끼고는 갑자기 깨어났다. 나는 주위를 둘러 보았고,누군가 화장실 문을 통해서 빠져나가는 것을 그림자로 보았다. 그 순간 나는 내가 피로 범벅이 되어 있다는 것을 깨달았다. 정신을 차리려고 애썼지만 마약 때문에 몽롱했던 나는 마치 어둡고 깊은 안개 속에 있는 것 같았다.

나는 일어서서 거울에 비친 내 모습을 바라보았다. 그 순간 나는 내 어깨에 칼이 찔려 엄청나게 피가 흐르고 있는 것을 보았다.

"나는 이제 17살 밖에 되지 않았는데…"라고 생각하며 그 피를 멈추기 위해서 필사적으로 손으로 내 가슴을 압박했다. "누가 좀 도와주세요!"라고 절규했지만 아무도 내 소리를 듣지 못했고 나는 혼자였다.

나는 비틀거리며 화장실을 걸어 나와 바깥으로 통하는 문을 찾으려고 시도했다. 나는 스스로 생각하기를 "여기 있는 모든 사람들이 나를 알고 있다. 하지만 나를 염려하는 사람은 없어." 사람들이 말하기를 죽음의 순간에 눈앞으로 당신의 삶이 빛처럼 빠르게 지나간다고 이야기 한다. 하지만 내 눈앞에서 지나간 나의 인생은 의미 없고 공허한 것이었다. 나는 절망과 실망에 가득한 삶을 살고 있었다. 내가 나에게 기쁨과 자극을 주기 위해서 했던 그 어떤 일도 지금 내가 분명하게 느끼고 있는 공허함을 채워 줄 수는 없었다. 마약, 술, 그리고 락스타의 삶의 방식들은 오로지 고통과 쓴맛만을 내 삶에 제공해 주었다.

나는 같은 달 두 번이나 자살을 시도 했었고 끔찍한 자해로 인한 상처로 고통을 받았다. 이것에 대한 흥미로운 사실은 내가 스스로 상처를 입히기로 결정했었던 신체의 부분이다. 그것은 나의 눈이었다. 어느 날 밤 나는 형이 연주하던 트럼펫에 사용하던 마우스피스로 나의 눈을 파기 시작했다. 이것이 내 눈에 끔찍한 외상을 입혀 실질적으로 내 눈동자가 움직이기까지 했다. 나는 그 때의 분노로 입힌 상처 때문에 오늘날까지 시각에 문제가 있다.

지금 그 당시 내가 경험한 일들을 회상해보면, 나를 반대한 그 강력한 힘이 나의 시력을 망치고자 시도했다는 것을 깨닫게 된다. 반어적이지만, 그 달에 나는 자살 시도로 내 생명을 포기하려고 했었는데, 누군가가 나의 목숨을 해치고자 했을때 나는 결사적으로 생존을 위해서 싸우고 있었다. 지금 내가 나의 생존을 위해서 싸우고 있는 동안 락스타로서, 그리고 음악가로서 성공한 것은 아무런 의미가 없었다. 내가 상처 입은 채로 거리에서 비틀거리며 결국 절망 가운데 땅에 넘어진 지금 그런것들은 아무런 의미가 없었다. 나는 단지 마약을 과다복용하고 골목에 누워 피를 흘린 채로 죽어가고 있는 평범한 사람이었다.

갑자기 몇 년 전에 병원에 있을 때 성공회 신부가 나에게 해 주었던 말이 내 마음을 울리기 시작했다. "예수님은 오늘도 여전히 거리를 걷고 계시단다. 그리고 언젠가 너는 그 분이 필요하게 될 거야. 만일 네가 그 분의 이름을 부르면 그 분은 너에게 걸어와서 너를 만져주실 것이다."

나는 이것이 나에게 주어진 마지막 기회라는 것을 깨달았다. 그리고 절망가운데 '예수님 만일 당신이 여전히 이 거리 위를 걷고 계신다면 지금 나에게 와 주세요' 라고 울부짖었다.

바로 그 순간 누군가가 내 곁으로 걸어 왔으며, 선한 사마리아인처럼 나를 들어 차안으로 옮겨 병원으로 데리고 갔다. 그 사람이 나에게는 하나님의 손과 목소리가 되었다.

내가 도착한 병원에서 상처를 치료하는 동안, 나는 고통으로 인해서 그리고 내가 복용한 많은 양의 마약으로 인해서 의식과 무의식을 넘나들었다. 나는 그 이후로 삼일 동안 무슨 일이 있었는지 아무것도 기억하지 못한다. 내가 깨어났을 때 그 인정 많은 낯선 사람이 내 침대 옆에 앉아 기다리고 있었다.

내가 병원에서 퇴원할 때 그는 나를 내 친구의 집까지 태워 주었다. 나는 친구집에서 회복기를 보내는 동안에도, 여전히 끔찍한 고통 가운데 있었다. 나는 그 상상할 수 없는 악몽 같은 마약으로부터의 금단 현상을 겪고 있었다. 내 몸이 마약을 필요로 하고 있었다.

나를 도와준 그 낯선 남자는 자기의 가장 친한 친구를 내게 소개해 주었다. "나는 당신에게 나의 가장 친한 친구에 대해서 이야기 해 주기를 원합니다. 그의 이름은 예수예요" 그 때에 내가 깨닫고 있었는지도 모르겠지만 이 남자가 나에게 제공한 것은 내가 울부짖어 구했던 바로 그것이었다. 그는 몇 시간 동안 내게 예수님에 대해 나눠주었다. 나는 마치 스펀지처럼 그가 하는 이야기를 빨아 들였다. 나는 그가 이야기 하고 있는 예수라는 사람에 대해서 아는 것이 없었다. 하지만 나는 내가 듣고 있는 것에 매혹 당하고 있었다.

그 사람이 "예수님은 지금 이곳에 계십니다. 그리고 당신을 만지시기를 원합니다"라고 말했다. 그는 나와 함께 기도해 주었고 이전에는 내게 있어서 낯선 사람이었지만 지금은 나의 가장 친한 친구가 되어 줄 비지의 예수에게 처음 말을 건넸다. 진정으로 내 삶에 있어서 가장 놀라운 순간이었다. 예수께서 나의 생명을 구원해 주셨다. 나는 그 순간 이후로 이 땅에서 나를 향한 그 분의 목적을 위해서 나의 삶을 그 분께 드렸다.

그 이후로 내 삶의 모든 것이 변했다. 그리고 그 날 이후로 나는 음악과 예언적인 목소리를 통해서 세계의 수많은 사람들에게 영감을 불어넣는 일을 하는 영광을 누리고 있다. 나는 이일에 대해서 한 번도 싫증을 낸 적이나 혹은 짐이라고 생각해 본 적이 없다. 비록 때때로 이 일이 희생을 요구하지만, 그 보상은 훨씬 큰 것이었다. 나에게 주어진 이 선물을 나는 당연한 것으로 여겨본 적이 없다.

예언자의 부르심을 환영하기

나는 새롭고 예언적인 소리를 발견하기 시작했고, 이것은 사람의 영혼의 깊은 곳을 볼 수 있는 능력을 나에게 주었다. 나는 심령술과는 다르게 사람들이 가지고 있는 문제의 뿌리, 그들이 가지고 있는 고통의 원인을 볼 수 있었으며, 그리고 하나님의 도우심으로 정확하게 하나님께서 의도하신대로 문제로부터 자유롭게 된 그들의 미래의 모습을 볼 수 있었다.

그 이후로 하나님은 나의 음악적인 표현을 사용하여, 사람들의 마음을 연합하며 예언적인 환경을 창조하고, 하나님의 마음으로부터 개인과 나라들에게 주시는 영감의 말씀들을 전하게 하셨다.

많은 종교적인 교회들과 운동들, 그리고 종교 지도자들이 내 스타일과 의사소통의 수단에 대해서 얼굴을 찌푸렸는데(그리고 빈번하게 조롱했다), 이것은 내가 악보에 따라서 정확하게 연주를 하지 않거나 그들이 인정할 만한 종교적인 방법을 따라 연주하지 않았기 때문이었다. 그러나 이러한 과정 없이 나는 사역을 진행할 수 없다. 나는 나의 삶, 열정 그리고 나의 역사와 하나님과의 관계에 대해서 아무것도 알지 못하는 사람들에 의해서 혹독하게 비난을 받았다. 하지만 정직하게 말하자면 나는 이러한 반응들과는 아무 상관도 없었다.

나는 지속적으로 영감의 공기로 숨 쉴 것이며, 다가올 미래는 나를 성장시켜 내 삶을 더욱 풍성하게 해 줄것이다. 나는 사람들의 박수 소리에 의해서 움직이지 않는다. 나의 여정은 흥미로우며, 놀라우며, 고통스럽고, 즐겁고, 신비로운 것이었다. 고통 없는 열정은 존재하지 않는다. 때때로 나의 가장 주목할 날은 어둠에 의해서 가려져 있었지만, 나의 피아노 줄은 녹슬지 않은 채로 남아있고 나의 눈은 빛으로 가득 차있다. 그리고 내 심장은 사람들의 멸시로 인해 낙담하지 않는다. 나는 많은 것들을 인내했으며 그리고 선지자로서의 내 여정에 대해서도 열정적이다. 나는 하나님의 음성이 나를 어디로 인도하던지 따르기로 결정했다. 당신도 나의 여정에 동참하지 않겠는가?

Call Me Crazy

3.

선지자의 여정

1993년 11월 추운 겨울날 나는 13살이었던 딸 다나와 텍사스의 집에서 즐거운 시간을 보내고 있었다. 우리 가족은 그 당시 남아프리카 공화국에서 미국으로 이주하여 적응하느라 힘든 시간을 보내고 있었다. 우리는 미국에서 살아가도록 인도하심을 받았다는 것을 알고 있었고, 이것은 우리 가족에게 희생을 요구하는 일이었다. 특별히 친지와 친구들과 함께 평생을 살아왔던 고향을 떠나 낯선 땅으로 이사 온 내 자녀들에게는 더더욱 그러했다. 우리 가족은 미국 생활을 시작하면서, 문화적 차이를 극복해야 했으며 특별히 나이가 많았던 내 딸 다나는 이민 온 것의 영향을 더욱 강하게 받고 있었다.

나는 자녀들에게 시속 25마일까지 속력을 낼 수 있는 모터가 달린 스쿠터를 사주었다. 내 자녀들은 스쿠터를 타고 돌아다니는 것을 즐거워 했고 항상 나와 함께 탈 것을 제안했다. 그래서 나도 한 번 타보고 싶기도 해서 아이들과 함께 스쿠터를 탔다. 다나는 한동안 스쿠터를 타고 동네를 돌아다녔고 막다른 골목에 이르자 내게 경주내기를 하자고 도전 해왔다.

우리는 동네 골목 끝에서 경주를 시작했고, 나는 그 경주 내내 다나를 이겨 앞서 운전하고 있었다. 우리가 우리 집 앞길로 접어들자 다나가 나를 제치고 앞으로 나가기 시작했다. 나는 깜짝 놀랄만한 공격을 보여주기 위해서 속력을 더 높였다.

그런데 내가 집 우체통을 지나자마자 제동을 걸었는데, 스쿠터가 멈추지 않았다. 나는 빨간색의 긴급 제동 단추를 누르면서 멈추려고 했는데 그것마저도 작동하지 않았다. 내 가슴은 뛰기 시작했다. 그리고 설상가상으로 가속장치가 붙어버려 내 스쿠터는 곧장 거대한 침대차들이 주차되어 있는 곳으로 달려가고 있었다. 나는 순간적으로 위기를 모면할 생각을 해야만 했다. 시속 25마일로 침대차들이 있는 곳으로 돌진하여 죽을 수는 없었다. 그래서 본능적으로 내 발을 밖으로 내밀어 필사적으로 스쿠터를 멈추려고 시도했다. 내가 기억하는 것은 주위의 모든 것이 회전하고 있었으며, 그리곤 나는 내 딸의 비명 소리를 들었다.

그 다음으로 내 기억에 남는 것은 내가 엄청난 고통 가운데 도로 위에 앉아 있었다는 것이다. 나는 내 손이 부러진 것을 보았고, 양쪽 팔이 다 부러져 버린 것을 알게 되었다. 나는 스쿠터 충돌 사고로 심한 충격을 받아 아내가 나를 집으로 데리고 가는 동안 내내 정신이 오락가락했다. 아내는 911에 신고하였지만, 구급차가 도착할 때까지 기다릴 수 없었기에 직접 나를 차에 태워 병원으로 향했다.

병원에 도착했을때, 세 명의 외과 의사가 내 손과 팔목에 가해진 부상을 점검한 후 얼마나 사고가 심각했는지 이야기하며, 내게 다음으로 어떤 치료를 해야 할 것인지에 대해 전문가적인 의견을 말해주었다. 내가 충돌후 넘어지면서 내 머리부터 콘크리트 바닥으로 떨어졌고 두 손은 바깥으로 나와 있는 상태였다. 하지만 불행하게

도 내가 바닥으로 곤두박질 쳤을 때 손바닥으로 땅을 짚으면서 떨어진 것이 아니었다. 내 두 손은 앞으로 접혀졌으며 그 충격으로 인해서 뒤틀렸고, 나의 모든 손가락과 손목이 부러져 버린 것이었다. 나의 오른손은 피부 속으로 완전히 부러져 떨어져 나간 상태였고, 병원에 가는 동안 나는 내 오른손을 내 팔로 감싸고 있어야만 했다.

의료진은 내 손목의 부러짐이 너무 심각했기 때문에 즉시 수술을 했고, 내 손과 손목을 원상태로 복구하기 위해서 여러 가지 철판과 나사들을 사용했다. 의사들은 철판과 나사들로 내 손을 교정한 후에, 내게 다시는 피아노를 전과 같이 연주할 수 없게 될 것이며 연주할 때마다 심한 고통이 있을 것이라고 말해 주었다.

이것은 정말 내게 참담한 소식이었다. 내가 수술실로 들어 갔을 때 내 마음은 깊이 가라 앉았다. 어떻게 이런 일이 일어날 수 있을까? 내 삶을 통해서 많은 것들을 경험했지만 적어도 내가 말할 수 있는 것은 이것이 내 인생에 있어서 가장 예상치 못한 낙담을 경험한 순간이었다. 그들은 내 손과 손목을 바로잡기 위해서 최선을 다했으며 내가 수술을 마치고 나올 때 내게 수술을 한 번 더 해야 한다고 알려 주었다.

다음 날, 그들은 두 번째 수술을 진행했고 나의 한 쪽 손목에 나사를 박았으며 다른 손목에는 철판을 고정했다. 의사는 나에게 통증을 줄이기 위한 진통제를 처방해 주고는 집으로 퇴원시켰다. 그날 밤, 나는 심한 고통 가운데 새벽녘까지 침대에 누워 있었다. 그래서 나는 의사가 준 진통제를 복용했다. 하지만 내가 먹은 진통제가 내 몸에 알레르기 거부 반응을 일으키게 하였고, 잠시 후 나는 숨을 쉴 수 없게 되었다. 나는 그때 내가 죽을 수도 있다는 사실을 깨닫게 되었다. 나는 아내를 부르려 했지만 내 몸은 마비되어 있었다. 나는 소리치기 시작했지만 숨을 쉴 수가 없었기 때문에 내 입에서는 아무 소리도 나오지 않았다.

나는 당황했고 그 다음 갑자기 내 두개골이 흔들림을 느낄 정도의 큰 소리를 듣게 되었다. 그 목소리는 조롱하듯이 "그래 네가 어둠을 꿰뚫어 버리겠다고?" 그 때 나는 심장마비가 왔다고 생각했다. 그러나 내 안에 남아있던 모든 힘을 다해서 나는 "그렇다!"라고 소리 질렀다. 그리고 나는 숨을 다시 쉬기 시작했다. 나는 침대에서 떨어져 두려움과, 혼란, 그리고 신체적 충격으로 인해서 흐느끼기 시작했다. 나는 약 한 시간 정도 몸을 떨었으며 그 후에 구토하기 시작했다. 나는 거의 6시간 동안 구토를 했고, 그 이후로 헛구역질과 편두통에 시달려야 했다. 그 날 나는 두손에 깁스를 한 상태로 고통 가운데 바닥에 누워 있었다. 나는 굉장히 나약한 심령에 빠졌다. 나는 생각하기를 내가 악하기 때문에 하나님께서 내게 이런 고통을 경험하게 하신 것일까 하는 질문이 들었다. 나는 기도할 힘도 없었기 때문에 아내에게 대신 기도를 부탁했고, 아내는 나를 위해서 기도해 주었다.

그 다음 며칠 간 나는 주후 2000년 이후에 일어날 일들을 보기 시작했다. 그 날 밤, 나는 5시간 동안 많은 환상들을 보았고, 마지막으로 수많은 젊은이들을 보았다. 그리고 그들이 함성을 지를 때 마치 전쟁에 나가는 전사들의 소리와 같았다. 그들은 젊은 나이에도 불구하고, 심각한 상처를 입는 것을 환상 속에서 보았다. 이 수많은 젊은이들은 급진적이고, 혁명적이고, 비종교적이었다. 갑자기 나는 환상 가운데 하나님의 음성을 듣기 시작했다. "너는 지금 티끌로부터 일어나 군대가 된 선지자의 세대를 보고 있다. 킴, 너의 친구들과 동역자들이 너로부터 등을 돌릴 것이다. 그리고 너는 혼자 남게 될 것이다. 그러나 시간이 흐른 후에 그들은 다시 네게로 돌아올 것이다. 이것으로 인해서 너는 걱정하지 말라. 지금 진행하고 있는 사역을 포기하고 너의 십자가를 지고 나를 따르라. 나는 너의 회복, 복원 그리고 너와 함께 할 지도자들을 세우기 위해서 너를 디트로이트로 보낼 것이다."

나는 이러한 하나님의 음성을 들은 후에, 내 안의 무엇인가가 변화 되었음을 느낄 수 있었다. 나는 모든 것을 포기하고 새로운 여정을 시작 할 준비가 되었다. 1976년 사역을 시작한 이후로 나는 미국 대형교회들 가운데 꽤 유명해 지게 되었다. 나는 80년대에 순회 사역을 통해 내 사역을 성장시켜 일정 궤도에 올려 놓았었고, 마침내 많은 사람들에게 영향력을 줄 수 있는 단계까지 이르렀다. 하지만 지금 하나님께서는 그 모든 것을 묻어버리라고 말씀하시는 것이다. 그 날 내 안의 무엇인가가 죽었다. 그리고 나는 하나님께 어디에서 시작해야 하는지를 물었다. 그 다음 내게 일어난 일은 우리가 소위 예언의 모순이라고 부르는 것이었다. 하나님이 그 날 나에게 말씀하신 것처럼, 당신에게 말씀하실 때 당신의 영혼의 대적은 즉각적으로 당신의 기쁨과 영감을 훔쳐 가려고 침투한다.

나는 회복기간 동안 사역을 함께 하던 친구들과 동역자들에게 도움과 조언을 구했다. 그것의 결과는 낙타의 등뼈를 부러트린 지푸라기 한 개였다. 그들 중 어떤 이들은 내가 그러한 사고를 당한 이유가 나의 죄로 인한 것이며 내가 회개를 해야만 한다고 정죄하기도 했다. 나는 나를 정죄했던 사람들과 우리집에서 대면하는 동안 수술로 인한 고통과 양손의 깁스가 그대로 있는 체로 무릎을 꿇었고, 내가 잘못한 것이 무엇이든지간에 용서해 주실 것을 하나님께 구하였다. 그들은 나와 함께 기도하면서, 내게 말하기를 나의 죄악은 세속적이며, 사악하며, 뉴에이지적인 음악 때문이라고 했다. 그리고 나에게 즉시 그러한 음악의 스타일을 부드럽고 잔잔한 예배 음악으로 변화시켜야 한다고 말해 주었다. 나는 비록 이것이 그 모든 일의 원인이라는 것에 의심이 들기 시작했지만, 여전히 무릎을 꿇은 채로 동의했고 회개의 기도를 드렸다.

종교의 힘에 맞서다

나는 몇 주 후에 나를 위해 기도해 준 사역단체에서 편지를 받게 되었다. 그것은 내가 그 날 드린 기도가 적절하지 못했으며 다시 그 같은 절차를 반복해야 한다는 것이었다. 나는 수년간 '무엇을 해야만 한다' 라는 소리에 익숙해져 있었지만 나는 내가 읽고 있는 것을 믿을 수가 없었다. 이것은 다시금 종교가 내게 이야기 하는 것이었다. 사탄이 손에 쥐고 있는 가장 효과적인 도구는 바로 종교의 힘이다. 종교는 당신을 침묵하게 하며 조종하려고 시도할 것이다. 그리고 당신이 하나님께서 창조하신 도구가 되는 것을 절대 허락하지 않으려 한다. 내가 예수님을 처음 소개 받았을 때, 나는 그 먼 거리를 넘어 신앙으로 들어왔으며 사실 기독교가 무엇인지 잘 알지 못했다.

내가 처음 교회에 갔을 때, 나는 긴 머리를 하고 입에는 담배를 물고 있었다. 나는 내가 걸어 들어가는 곳이 어떤 곳인지를 전혀 알지 못했다. 내가 성령 하나님으로 충만하게 채워졌을 때 나에게 있어서 교회는 가장 아름답고 놀라운 순간이었다. 그리고 내가 종교를 내세운 조종을 경험했을 때, 나는 기독교 안에 존재할 것이라고는 생각지도 못했던 면을 경험했기에 적잖게 실망했었다. 이것은 내게 원하지 않는 무엇인가를 내 속에서 나오게 했고 이러한 경험은 나를 혼란스럽게 만들었다.

나는 그리스도인과 같이 말하는 것에 동화되기 위해서 전혀 새로운 언어들을 배워야만 했다. 나는 머리를 단정하게 자르고 담배 피는 것을 포기하지 않으면 교회에 올 수 없다고 통보 받았다. 나는 순종했고 내 새로운 친구인 예수를 위해서 무엇이든지 하기를 원했다. 나는 담임 목사의 모든 요청에 순종했다. 나는 교회 청소를 했고 모든 기도모임, 특별한 모임 그리고 교회 야유회에 참석을 했다. 하지만 주님께서는 내가 주님과 가까워지기 위해서는 어떠한 모습이든지 어떤 말을 하든지 상관하지 않으신다는 것을 곧 깨닫게 해 주셨다. 그런데 어느날 화장실 청소를 하며, 피아노를 연주하던 내게 승진할 기회가 왔고 그것은 청소년들에게 말씀을 전하는 것이었다.

나는 조금씩 말씀을 전하는데 자신감을 갖기 시작했고 교회 사역을 준비하고 있었다. 나는 그들이 말하는 방법대로 말했고, 그들이 찬양을 하라고 말해준 방법대로 찬양을 하였고 그리고 모든 옳은 일을 하였다. 그러나 나의 맘 깊은 곳에서는 오늘 날 내가 진행하고 있는 사역을 하고 싶은 열망이 가득했다. 그들은 지미 스웨거(Jimmy Swaggart)의 음악을 내게 건네주며 바로 이러한 음악을 내가 해야만 한다고 말해 주었다. 지미 스웨거의 음악이 잘못된 것이라고 이야기 하는 것이 절대 아니다. 그러나 당신이 딥퍼플 그리고 레드제플린과 같은 음악에 친숙했을 때, 당신이 지금까지 사랑했고 연주해왔던 음악이 잘못된 것이라고 말하고 전혀 다른 스타일의 음악을 하라고 강요당하는 것에 적응하기는 조금 어려운 것이라는 것을 알 수 있을 것이다.

나는 그들이 내게 강요하며, 그들이 원하는 사람으로 나를 만들려고 하는 것에 싫증을 느꼈다. 나는 수년 동안 내 자신에 충실하다는 느낌 없이 그들의 구조와 법에 순종했다. 그래서 그들이 내게 나의 표현들이 세속적이었기 때문에, 하나님께서 나를 징계하고 계신다고 말했을 때 더 이상 참을 수가 없었다. 나는 더 이상 종교가 내 미래를 조종하게 할 수는 없었다.

이것이 내 삶에 있어서 전환점이 되었다. 그리고 나의 전체적인 표현 방법이 변화되었다. 그 밤에 하나님께서 나에게 환상을 통해 말씀하셨을 때 나는 내가 이름붙인 '새 천년의 전사들' 을 보았다. 나는 새천년을 통해서 민족들을 뒤흔들 사람들을 보았다. 나는 '하지만 이것은 내가 가지고 있는 종말론과 일치하지 않는데' 라는 생각을 했던 것을 기억한다. 내가 믿기로 예수 그리스도는 천년왕국 이전에는 재림하지 않으실 거라고 알고 있었는데, 그렇기에 내가 본 비전은 2000년 이후에 대한 것일 수가 없다고 생각을 했다. 바로 이것이 종교의 힘이 가지고 있는 통제이며 내가 이러한 영향 아래 있었기에 내가 본 환상이 주후 2000년 이후에 일어날 것이라는 일들을 믿지 않았던 것이다. 당신이 알고 있는 교리, 신조, 그리고 종말론도 올바른 것이 아니라면, 그것들이 당신으로 하여금 미래를 보지 못하게 막을 것이다.

그럼에도 불구하고, 하나님은 내게 문신과 몸에 구멍을 뚫은 이 세대의 지도자들과 예언자들을 보여 주셨다. 원수는 그 날 나를 막기 위해 그가 가지고 있는 모든 능력을 발휘했다. 그러나 나는 새롭고 신선한 소리와 함께 회복되었다. 하나님은 내게 내 십자가를 지고 주님을 따르라고 말씀하셨다. 나는 이미 그렇게 하고 있다고 믿고 있었는데 "킴, 나는 네가 태어나기 전부터 내가 창조한 그 사람이 되기를 원한다" 라고 말씀하셨다. 나는 불편한 옷과 목을 조르고 있던 넥타이를 벗어 버렸다. 그리고 나는 솔직히 처음으로 숨을 쉬고 있는 것같이 느꼈다.

나는 하나님께서 나에게 보여주신 것을 동역자들과 나누려고 시도했다. 나는 그들에게 내가 대통령들에게 예언하며 설교하게 될 것이며, 우리의 모임이 전 세계 수백만의 사람들에게 방영될 것이며, 다른 스타일의 쌍방향적인 사역이 타락한 사람들 그리고 어둠에 있는 영혼들을 하나님의 자유의 세계로 인도하게 될 것이라고 이야기 했다. 그들의 반응은 절망적인 것이었다. 그들은 나를 비웃었고 내 사생활을 뒷

조사했으며, 그리고 다른 사역단체들에게 연락해서 내가 배교했으며 이단이라고 말했다. 또한 내게 앞으로 어떤 사역의 기회도 허락하지 말라고 당부했다. 나는 이 일로 깊은 상처를 받았지만, 오히려 그 고통은 나로 하여금 내 삶의 다음 단계로 올라가는데 필요한 열정을 주었다.

디트로이트로 향하다

내가 피아노를 다시 치려고 시도하기까지 약 3개월의 시간이 걸렸다. 그리고 내가 피아노 연주를 했을 때 엄청난 고통을 경험했다. 그러나 나는 의사들이 한 이야기를 무시했고 매일 연주를 함으로서 내 자신에게 도전했다. 나는 새로운 방식의 음악으로 사역하기 시작했으며 피아노에 앉은 채로 예언하기 시작했다. 내가 이전과 같은 방식으로 피아노를 연주 할 수 없을 것이라고 했던 의사들의 말은 정확했다. 왜냐하면 나는 이전보다 더 훌륭하게 연주하게 되었기 때문이다.

나는 하나님이 기뻐하시는 태도를 가지고 복수하기 위해 다시 돌아왔다. 많은 친구들과 동역자들이 나를 배신했고 거절했다. 나는 신체적으로 그리고 감정적으로 상처를 입었다. 바로 그때 나는 디트로이트로의 부르심을 느꼈다. 수년간 소위 사역자로서의 모습으로 순응하지 못한다는 종교적인 구조로 인해서 지쳐버린 후에, 나는 새로운 소리를 발전시킬 수 있도록 숨어 있을 장소가 필요했다.

나는 디트로이트에 아는 사람이 거의 없었다. 그러나 내게 가깝고 신실한 친구가 된 사람을 소개받게 되었다. 존 스톤(C. L. Johnston)목사는 세상적인 것이라고는 남아있지 않은 노인이었고, 인내심이 많고 친절하며 예언적인 것에 열려 있는 사람이었다. 그는 몇 년 동안 내가 표현하는 방식들을 수용해 주었을 뿐만 아니라, 주위의 비난으로 인해서 내가 얼마나 약해져 있는지를 보며 나를 격려해 주었다. 그리고 존 스톤 목사는 어떤 종교적인 간섭 없이 나 자신의 모습 그대로 사역할 수 있는 무대를 내게 마련해 주었다.

내가 처음 존 스톤 목사를 만났을때, 내가 가지고 있는 문화적 방식, 내가 표현하는 방법등이 그와 한 팀으로 사역하기에는 적당하지 않다고 느꼈었다. 그러나 내가 그에게 내가 하고 있던 순회사역을 정리하고, 하나님께서 나를 다시 사역으로 부르실때까지 디트로이트에서 움직이라는 지시를 받았다는 것을 나누었을 때, 그는 이것에 대해서 열려있는 듯이 보였다. 그는 우리가 G.O.D.(Gathering of the Dangerous-위험한 사람들의 모임)라고 명명한 사우스케이트에 있는 건물을 우리에게 제공해 주었다.

그 모임은 시작부터 유명세를 탔다. 그러나 결국 우리의 모임은 작아졌고 나는 하나님이 내게 미디어를 통해 할리우드에서 일어나게 될 것들을 함께 준비할 신실한 몇 사람과 함께 하기를 원하신다는 것을 깨달았다. 내 사역의 표현 방법이 형성될 즈음에, 나는 디트로이트에서 청중들에게 영감을 주며 지옥의 영역을 뒤 흔들어 놓을 팀을 세웠다. 우리는 그들을 동굴에서 출현한 새 천년의 전사들과 사탄의 엉덩이를 차줄 세대로 세워 갔다. 새로운 소리가 탄생했으며 한 세대에게 새로운 기회가 주어졌다. 내가 디트로이트에 있는 동안 가장 최고의 것들이 내 안에서 나왔으며, 그리고 지금까지도 내가 그곳을 방문할 때마다 나는 축복받고 보호받는 느낌을 가지곤 한다. 또한 나의 가장 창의적인 음악 역시 모타운(Motown)에서 탄생했다.

911 예언

아마도 디트로이트의 모임을 통해서 나온 가장 심도 있는 사건은 내가 뉴욕시에서 일어난 911 테러 사건을 예언한 것이다. 우리는 미국에서 아랍계 사람들이 가장 많이 거주하고 있는 미시간 디트로이트 시내 외각의 하얏트 호텔에서 위험한 사람들의 모임(The Gathering of the Dangerous)이라는 이름으로 일주일간 집회를 했다. 그 집회의 주제는 이러했다. '만일 당신의 원수(종교)로 인해서 죽지 않을 만큼의 상처를 받았다면, 당신의 원수는 당신을 해치려 하기 전보다 당신이 더욱 위험한 존재가 되었기 때문에, 당신을 조심하는 것이 좋을 것이다.' 그러므로 우리는 상처받고 소망 없는 사람들이 함께 모여 하나님께서 의도하신대로의 삶을 살아가며, 더 이상 우리를 억누르고 있는 것들이 무엇이든 간에 그 영향 아래 살지 않을 것이다.

1996년 7월, 약 800명의 사람들이 기립한 채로 "우리는 전할 수 없는 사람들에게 전할 것이며 만질 수 없는 사람들을 만질 것이다"라는 찬양을 하며 선포하고 있었다. 공교롭게도 우리 모임의 옆방에서는 밥 돌(공화당 대통령 후보였음)이 연설하고 있었다. 그런데 갑자기 나는 고통과 상실감에 사로잡혔고, 마음속으로 뉴욕시로 날아가는 비행기의 그림들을 보기 시작했다. 그것은 2001년 9월 11일 미국이 역사상 가장 참혹한 테러 공격을 받기 5년 전의 일이었다. 그 분명한 예언이 전체적으로 드러났다.

테러리스트의 음모를 저지하다

1996년, 나는 다음 예언의 말씀을 선포했다. "비록 너는 공격을 받았지만, 비록 너를 적대하는 테러리스트의 공격들이 비행기를(911의 공격에 이용되었던 여러 대의 비행기를 집합적으로 가리킴) 이용하여 일어났고, 그리고 다시 일어나게 될 것이지만 이것에 대해서 염려하지 마라. 다음의 테러 공격에는 하나님의 보호하심이 있을 것이라."

내가 위의 예언을 선포한지 정확히 10년 후에 마지막 부분의 예언이 성취되었다. "다음의 테러 공격에는 하나님의 보호하심이 있을 것이라."

런던에서 LA로 향하는 비행기를 폭파시키려던 음모가 실행되기 직전에 발각되었다. 나는 다시 무엇인가를 느꼈고 다음의 예언들이 영국과 미국, 특별히 LA 지역에서 무엇인가 일어날 것에 대한 징후라고 느껴졌다.

2006년 7월 8일, 할리우드에서 있었던 씨크릿(Secrets) 모임에서 나는 다음의 예언을 선포했다:

『주님께서 말씀하시기를 기뻐하라. 왜냐하면 너희들의 기도가 파괴의 권세와 영향이 이 지역의 L.A.공항으로 오는 것을 저지할 것이다. 왜냐하면 하나님께서 말씀하시기를 그들은 이미 계획을 세우고 있다. 그들이 말하기를 이곳은 공격하기 좋은 곳이다. 이곳은 침투하기 좋은 곳이다. 그들은 이곳을 청소하고 있다. 그러나 LA 공항과 그 주변지역을 공격하는 것은 매우 어리석은 행동이다. 왜냐하면 그들은 가장 높으신 하나님의 성도들이 기도하고 있다는 것을 이해하지 못했기 때문이다. 하나님께서 말씀하시기를 성도들이 기도하고 있기에, 나는 다시 한 번 플로리다에서처럼 그들의 음모가 드러나게 할 것이다. 나는 서부 해안에서 그렇게 할 것이며 내가 너에게 약속했듯이 여름을 통해서 그들을 드러나게 할 것이다.』

2006년 7월 29일, 미시간 주 디트로이트 시에서 나는 "한 사자가 울부짖을 것이다. 영국에서 사자가 울부짖을 것이다. 무엇인가가 변화될 것이다. 강력한 일이 일어날 것이다. 그리고 지금 민족들의 연합이 있을 것이며 그들이 모여 말하기를 '이것은 이제 끝이 나야 한다' 고 말할 것이다. 이번 여름이 내가 약속한 시간이다"라는 음성을 들었다.

2006년 8월 10일, BBC뉴스가 "영국에서 출발하여 미국으로 향하는 비행기들을 폭파시켜 대량살상을 계획하던 음모가 적발되었다. 스코틀랜드 야드가 말하기를 폭파물이 들어있는 손가방을 가지고 약 10대의 비행기에 탑승하여 폭파시키려던 음모였다고" 보도했다.[1]

영국 내무장관인 존 레이드는 만일 그 음모의 주요 용의자들이 계획을 실행에 옮겼다면, 이전에는 없었던 엄청난 생명이 희생되어지는 일이 있었을 것이라고 자세하게 이야기 했다. 레이드 장관은 이러한 비밀 테러 용의자들을 모두 검거한 것을 자신한다고 하며 이야기의 결말을 맺었다.[2]

바로 그 날 미국 MSNBC가 보도하기를, 테러리스트의 음모는 미국으로 향하는 비행기 10대를 폭파물이 들은 손가방을 가지고 탑승하여 동시에 폭파하려 했으며, 경찰이 묘사하기로는 "상상할 수 없을 정도로 엄청난 대량살상"을 멈출 수 있었다고 했다.[3]

다음에 일어나게 될 테러리스트의 공격에 대한 나의 예언과 1996년 예언을 통해서 같은 단어들을 사용한 것을 볼 수 있을 것이다. 1996년 예언에서 하나님은 말씀하시기를 '가장 높으신 하나님의 성도들이 기도 할 것이다', 그러나 이번 특정한 예언에서는 '가장 높으신 하나님의 성도들이 기도해 왔기 때문에 그 공격을 멈출 수 있었다' 고 말씀하고 있다. 이것의 의미는 1996년의 예언의 성취가 가까이 왔지만 이번에는 하나님의 보호하심이 있었는데 그 이유는 성도들이 기도했기 때문이다. 기도 자체는 아무것도 변화시키지 못한다. 그러나 기도는 당신을 변화시키며 그리고 당신이 무엇인가를 변화시킨다.

또한 이 예언은 동쪽의 우상을(중동을 덮고 있는 영적인 영향들) 붕괴시킨 것을 의미한다.나는 미국을 대항해서 전쟁을 일으킬 동방의 왕들, 동방의 왕자들(내가 믿기로 이는 사담 후세인을 지칭한다)에 대해서 이야기 했다. 2001년 911이 일어나기 전, 정확하게는 이 일이 있기 5년 전 사담 후세인은 테러리스트의 공격과 관련되어 있었으며, 결과적으로 911테러 공격으로 인해서 그는 그의 권좌로부터 떨어졌다.

선지자로서, 나는 개인적으로 누가 권력을 가지고 있는지는 별로 관심이 없다. 그러나 내가 믿기에 조지 W. 부시 대통령이 한 일은 하나님을 위해서 전쟁을 일으킨 것 이상이다. 그는 "동방의 신"인 강한 적들과의 전쟁을 수행하고 있는 것이다. 이것은 단순히 전쟁무기를 다룰 수 있는 것이 아닌 영적인 전쟁을 수행하는 것이다. 하나님의 말씀에 따르면 "지극히 높으신 하나님의 성도들이 기도하기 시작"하자 그 기도가 변화를 일으켰다. 엘리자베스 엘리엇은 "기도는 하나님의 계획을 낳고 하나님의 뜻과 이 땅에서 이를 성취하는 일을 연결시켜준다"라고 썼다.

나는 적어도 이것이 흥미 진진한 여정이었다고 말할 수 있다. 2004년 이후 예전에 내게 상처를 주었던 동역자와 친구들로부터 편지를 받기 시작했다. 그들은 사과하며 화해하기를 원했다. 그리고 나는 이에 대해서 적절하게 대처했다고 믿는다. 1993년에 본 비전이 내 눈 앞에서 실현되고 있었다. 그 이후로 나는 3명의 대통령들과 대화하며 예언의 말씀을 선포했고 영적인 조언을 주었다. 그리고 오늘 날 우리 사역 모임은 25개국 8000만 명의 사람들이 볼 수 있도록 방송되고 있다. 우리의 웹사이트는 한 달에 약 1500만 명의 사람들이 방문하고 있다. 나는 타락한 사람들, 영세민들, 그리고 지상에 있는 어두운 영혼들에게 사역했으며, 그들은 자신들의 희망 없는 세계로부터 마지막 소망의 한 조각을 붙잡기 위해서 동굴에서 나아오고 있다. 우리는 그들의 집으로, 그들의 무대로, 그들의 영화촬영장으로, 그리고 그들의 감옥으로 초대받고 있다.

미래를 바라보기

하나님이 당신에게 말씀 하실 때, 다른 사람을 통해서든지, 게시판이나 영화든지, 얼굴과 얼굴을 마주하고서든지, 이것은 마치 태어나기 전부터 당신의 마음속에 존재 했던 보물 창고를 열 수 있는 열쇠와 같은 것이다. 그러므로 하나님께서 당신의 마음속의 비밀(Kruptos-보물이 감추어진 장소)을 드러내실 때, 당신의 첫 번째 반응은 하나님을 예배하거나 혹은 하나님께 감사하는 마음을 갖는 것이다. 당신의 마음속에 있는 보물 창고가 한 번 열리게 되면, 당신은 하나님께서 당신을 바라보시는 것처럼 당신 자신을 보게 될 것이다. 또한 이것이 당신에게 미래를 사로잡을 수 있는 능력을 제공하게 된다.

어떤 사람들은 당신 안에 미리 예정되어 있던 모습이 나타나 행동할 때, 당신을 경멸할 것이다. 내가 알게 된 것은 하나님의 음성을 듣는 사람들은 실질적으로 시간의 제약으로부터 자유하게 될 것이며, 그리고 이들은 현재의 상황이 그들의 비전과 삶 가운데 역사하는 점진적인 진리를 통제한다면, 이를 거부하게 될 것이다. 당신이 미래를 사로잡게 되면 당신은 현재의 존재를 미래로 들어가게 할 것이며, 그리고 그 순간 이후로부터 당신은 과거와 현재의 상황에서 고군 분투하는 것 대신에, 당신이 본 미래로 부터 영양분을 공급받게 될 것이다.

유대인의 선지자였으며 바빌론(현재의 이라크)으로 사로잡혀갔던 다니엘은 사자 굴에 던져지는 것 같은 죽음의 순간들로부터 나와 기적적으로 생존할 수 있었다. 왜냐하면 그는 그의 몸을 다스리는 영원한 생명이 있는 미래의 깊은 곳을 볼 수 있었기 때문이었다. 그는 그의 이름, 그의 예언들, 그리고 현재 존재하고 있는 장소인 미래에 의해서 영양분을 공급받았다. 당신이 미래에 있다는 것을 아는가? 오늘 당신이 하는 일로 인해서 당신은 그곳에 있을 수 있다. 당신은 당신 개인의 역사를 오늘 어떻게 행동하느냐에 따라서 그것이 좋은 것이든 혹은 나쁜 것이든지간에 만들어 가고 있다. 그리고 좋은 역사를 만들 수 있는 유일한 길은 하나님과 오직 하나님에 의해서 부르심을 입은 운명을 따라 살아가는 것이다.

예수님께서 십자가에 달리셨을 때, 그의 주변에 있던 미움과 더러움 가운데에는 그 어떤 영양분도 존재하지 않았다. 하지만 예수님은 미래에 의해서 영양분을 공급받고 있었다. 그리스도께서는 가장 잔혹한 죽음 중 하나였던 그 십자가를, 오히려 즐거움으로 보시며 인내하셨다(히 12:2). 그는 인류를 위해 희생하고 있으면서 또한 동시에 그가 창조해낸 미래를 보고 있었다.

당신과 내가 우리의 미래를 희미하게나마 보고 그것에 따라 일단 움직이게 되면, 어떤 상황이 오더라도 우리는 인내해 낼 수 있다. 하나님의 눈으로 당신이 누구인지를 보게 된다면 사람들의 마음을 끄는 힘이 생겨나게 될 것이다. 사람들이 당신 안에 존재하는 빛으로 이끌리기 때문에 당신에게 이끌리게 될 것이다. 당신이 항상 무엇인가를 만들어 내려고 노력할 필요가 없다. 당신 안에 끌어당기는 힘이 사람들을 당신에게로 인도할 것이다. 이 끌어당기는 힘이 바로 하나님이신 내일의 빛이다.

※ 각 주

1. "Airline Terror Plot Disrupted," BBC News, 2006년 8월 10일, http://news.bbc.co.uk/2/hi/uk_news/4778575.stm.
2. Ibid.
3. "Details Emerge on Alleged Plot to Bomb Airlines," MSNBC, 2006년 8월 10일, http://www.msnbc.msn.com/id/1427816/

Call Me Crazy

4.

전설적인 선지자들과 동행하기

역사를 주의깊게 살펴 보면 선지자는 새롭게 등장한 인물이 아니다. 정말 광기 어린 사람들과 함께 유별난 방법들과 터무니없는 예언들로 인해서 미친 사람이라고 불리며, 그 시대에 논쟁을 가져왔던 대리자들이 몇몇 존재했다. 현대 시대의 선지자의 역할과 그들이 선포하는 말씀들 가운데 잠재된 중요한 의미를 온전하게 이해하기 위해서는, 세상을 대표하는 목소리로 나타나 순교까지 했던 선지자들의 길고 긴 여정을 포괄적으로 살펴보는 것이 필요하다. 로널드 레이건은 연설에서 이렇게 말했다. "역사는 리본이다. 이것은 항상 펼쳐진다. 역사는 여정이다. 우리가 우리의 여정을 지속하면서 우리 앞에 앞서 간 사람들을 생각하며, 우리의 과거에서 울리는 메아리를 다시 듣고 본다" [1]

선지자는 역사를 통틀어서 가장 극심한 논쟁과 오해를 받는 사람들 중 하나이다. 역사를 보면, 하나님이 은사를 주셔서 그분의 음성을 듣고 전달하는 택하신 선지자들을 구별하였다. 또한 선지자들은 다양한 시대를 통해서 사역했고, 단순히 하나님을 믿는 신앙을 가진 사람들을 속이고 훔치는 늑대 같은 자들과도 선지자는 확연히 구분되고 있다. 불행하게도, 우리가 참된 목소리로 환영하는 많은 위대한 선지자들에 대한 것은 왜곡되어지고 있으며, 동시대의 사람들은 선지자를 박해하고 있다. 사람들은 말하기를 큰 가치를 가진 모든 것들은 결국에는 위조되며 잘못 전해진다고 한다. 이러한 경우에 선지자들도 예외가 아니었다.

오늘 날 선지자들의 메시지는 더 이상 정죄의 말로 지적하는 것이 아니라, 희망의 손을 사람들에게 내미는 것이다. 그리고 모든 세대는 이전과 다르게 희망적인 예언의 메시지를 깨닫고, 이를 향해 손을 뻗치고 있다. 이 책의 목적은 오늘 날 선지자가 필요한 이유를 설명하는 것이 아니라, 당신이 개인적으로 하나님의 음성을 듣고 순종함에 따라 주어지는 유익의 기회를 강조하기 위함이다. 그리고 4장에서는 과거부터 현재까지 역사 속에 살았던 다양한 선지자들의 삶과 예언의 아름다움을 보여주어, 하나님의 음성을 발견하는 당신의 여정에 영감을 제공해 주고자 한다.

성 토마스 아퀴나스–선지자의 사역

성 토마스 아퀴나스는 이탈리아인이며 도미니칸 계열의 천주교 사제였다. 그는 천주교 신자들이 말하는 교회의 가장 위대한 신학자로 인정받은 철학자이다. 그리고 그는 로마 가톨릭 교회에서 신부수업을 받고 있는 사람들을 가르친 매우 모범적인 교사로 인정받았다. 그는 예언의 주제에 관해서 다음과 같은 글을 썼다.

예언이라는 용어는 신비 신학에 사용되며, 이것은 성경의 예언들과 개인적인 예언 둘 다에 적용된다. 예언이라는 말의 정확한 의미는 미래에 일어날 일들에 대한 선견지명을 뜻하는데, 비록 이것이 때때로 과거의 기억이 없는 어떤 사건들에도 적용되

기도 하고, 자연적인 이성에 의해서 알 수 없는 숨겨진 것들을 예언으로 나타나기도 한다. 사도 바울은 고린도전서 14장을 통해 예언에 관해 말하며, 예언의 의미를 미래에 일어날 일들을 예견하는 데 국한시키지 않았고, 어떤 비밀한 그것이 미래의 일이든지 혹은 그렇지 않든 지간에 하나님의 영감으로 표현된 것을 모두 예언의 넓은 의미로 포함시켰다. 그러나 숨겨진 것들의 드러남이 신비함 혹은 계시 아래 있는 과거의 사건을 제공하며, 우리는 여기에서 올바르고 정확하게 예언을 이해해야 하는 데 이것은 소위 미래의 사건들에 대한 계시이다. 예언은 지식의 말씀과 이미 알고 있는 것을 표현하는 것으로 이루어진다. 그 지식은 반드시 초자연적이며 하나님께서 주신 것이라야 한다. 왜냐하면 이것은 창조되어진 지각의 자연적인 능력을 뛰어넘는 것들과 연결되기 때문이다. 그 지식은 말 혹은 기사나 이적에 의해서 나타나야 하는 데, 그 이유는 예언의 은사는 다른 사람들에게 유익을 주기 위해서 사용되며, 그렇기에 사람들에게 전해져야 할 필요가 있는 것이다. 이것은 하나님께서 알려지지 않은 미래에 대한 것을 말씀하시며, 이것은 어떠한 방법으로든지 다른 사람들에게 계시해야 하는 의무를 가지고 있는 선지자의 마음을 통해 나타나는 하나님의 빛인 것이다.[2]

다양한 역사의 시대에 사기꾼들이 존재했지만, 그럼에도 불구하고 우리는 긍정적인 영향과 그들이 가진 하나님의 비밀들을 사람들에게 전함으로 유익을 공급해 주는 선지자들을 찾아 볼수 있다. 선지자는 여러 가지 다양한 통로를 통해서 하나님의 음성을 듣는 선택받은 도구이다. 그리고 그들은 하나님의 대리자로서 말하는 사람들이다. 선지자들의 말은 그들 자신의 말이 아니며 높은 곳으로부터 받은 것이며 개인과 지역사회에 희망과 풍성함을 가져오게 한다. 선지자들의 말은 사람들의 삶에 영향력을 행사하여, 역사를 바꾸기도 하며 말씀을 전달받은 사람들의 반응과 행동을 불러일으킨다. 비록 귀중한 예언적인 목소리들이 세기를 거듭하며 출현하였고 역사적인 예들이 너무 많아 그들 모두를 이곳에 언급하지는 못하더라도 그들의 삶을 좀 더 자세히 살펴봄으로서 선지자 직분에 관한 귀중한 통찰력을 얻을 수 있을 것이다.

윈스턴 처칠이 "모든 선지자는 문명사회에서 태어나야만 한다. 그러나 모든 선지자는 광야로 들어가야만 한다. 그는 복잡 다양한 것에 대한 강한 인상을 소유해야 하며, 이것을 다른 사람들에게 주기 위해서 반드시 고립과 명상의 기간을 가져야 한다. 그것이 정신적인 다이너마이트(능력)가 만들어 지는 과정이다"라고 말했다.[3]

첫 번째 사람이었던 아담은 유대교와 이슬람교에 의해서 하나님의 첫 번째 선지자로 여겨지고 있다. 창세기는 우리에게 아담은 하나님의 친구로서 교제하였지만 그의 삶의 예언적인 면에 대해서 토라에 자세한 기록이 없기 때문에, 기독교 신앙을 가지고 있는 학자들은 이에 대해서 중립적인 견해를 가지거나, 아담과 선지자는 어떤 관련도 없다고 생각한다.

아브라함–세 종교의 선지자

아브라함은 유대경전 토라에 나와 있는 첫 번째 선지자로, 아브라함의 삶은 그의 발자취를 따르는 모든 사람들에게 예정된 밑그림을 조명해 준다. 아브라함과 같은 선지자들은 모두 하나님의 가장 친밀한 친구였다(창 20:7). 하나님과 친밀한 만남의 밭을 경작했던 자리에서 바로 전능자를 대신해서 말할 수 있도록 선택된 선지자가 탄생하게 된다.

토라에 의하면, 아브라함은 남쪽 메소포타미아에 위치한 우르(현재의 이라크)에서 태어났고 이스마엘과 이삭의 아버지였다. 이것이 유대인과 무슬림들 가운데 지속적으로 일어나는 종교적인 논쟁의 중심이다. 아마도 가족과 친구들이 보기에 완전히 정신이 나가버린 아브라함은 절친한 친구인 하나님이 약속으로 주실 새로운 땅과 대대로 후손들이 큰 민족을 이룰 것이라는 언약의 음성을 듣고, 그 음성을 따르는 위험을 감수하게 된다.

아브라함은 기원전 2000년경 메소포타미아에서 가나안까지 여행한다. 이러한 아브라함의 순종으로 "많은 민족들의 아버지"라는 명예로운 이름을 얻게 된다. 하나님은 아브라함의 일생의 여정을 통해서 하나님이 약속하신 것을 그가 성취하며 이루도록 인도하셨다. 그것은 동시에 아브라함을 통해 이 땅의 모든 사람들에게 복을(창 12:2-3) 주고자 하심이었다. 또한 이것은 선지자였던 아브라함을 위해 하나님의 원래 계획과 목적을 보여주신 것이었다. 이렇게 하나님과 동행했던 아브라함의 여정은 전시대를 통틀어서 선지자의 부르심을 입고, 신실하게 하나님을 추구했던 많은 사람들의 삶을 통해서 발견할 수 있다.

어떤 사람들은 선지자에 대하여 생각하기를, 영화에서 형상화 된 백발의 할아버지가 분노하는 모습이나, 길고 가느다란 손가락으로 이 땅위에 있을 큰 심판들에 대한 맹렬한 예언들을 소리쳐 선포하는 모습을 떠올릴 수 있을 것이다. 비록 하나님께서 선지자들을 사용하셔서 심판의 말씀을 전달케 하고 사람들에게 이 말씀을 따르도록 인도하시지만, 이런 경우는 사람들이 창조주의 음성으로부터 반역하여 떠났기 때문이며, 무엇보다도 그들의 계속되는 타락과 상실로부터 보호하기 위한 하나님의 계획이었다. 심지어 심판의 말씀이 선포된 때에라도, 만일 그들이 하나님께 돌이킨다면 하나님의 축복이 그들에게 다시 돌아오게 될 것이라는 약속을 받았다.

모세-가장 위대한 선지자

모세의 삶은 선지자를 둘러싼 현상과 복잡한 환경들을 계시해 주었고, 세대로부터 거절당했던 많은 선지자들 중 첫 번째로 선지자의 목적에 관한 좀 더 깊은 통찰력을 우리에게 제공해준다. 모세는 예수 그리스도께서 이 땅에 오시기까지 타의 추종을 불허하는 권세를 가지고, 이 세상을 살았던 선지자들 중 가장 위대한 선지자로서 평가를 받고 있다.

그 후에는 이스라엘에 모세와 같은 선지자가 일어나지 못하였나니, 모세는 여호와께서 대면하여 아시던 자요 여호와께서 그를 애굽 땅에 보내사 바로와 그의 모든 신하와 그의 온 땅에 모든 이적과 기사와 모든 큰 권능과 위엄을 행하게 하시매 온 이스라엘의 목전에서 그것을 행한 자이더라 (신34:10~12)

모세 이외에도 다른 많은 선지자들이 존재했지만 그들은 모세와 같은 권세를 가지고 있지 못했다. 하나님께서 꿈과 비전으로 말씀하셨던 사람들은 아론과 미리암, 엘닷과 메닷이었다. 하나님은 가장 높은 단계의 의사소통을 하나님의 친구이며 하나님의 집에 충성했던 모세를 위해서만 남겨두셨다(민 12:7). 모세는 기독교, 유대교 그리고 이슬람을 포함한 세계종교에서 위대한 영예의 자리를 차지하고 있다.

전통적인 유대인들은 모세를 "모든 선지자들의 아버지"라고 생각하고 있다. 역사는 모세를 히브리 달력에 따라 2368년 아달 7일부터 2488년 아달 7일까지 생존했던 히브리 종교지도자, 군대 장관, 역사가, 그리고 선지자로서 기념하고 있다. 대부분의 학자들은 성경의 처음 5권의 책인 토라가 모세에 의해서 쓰인 것이라고 믿고 있다.

비록 그 선지자가 열방의 축복이 될 운명이었지만, 모세는 히브리 사람들을 이집트로부터 해방시키기 위해서 이집트의 바로 왕과 대결하며 하나님을 대표하도록 선택 받았다. 아마도 이것이 모든 역사들 통해서 하나님의 전능하심을 이 세상 가운데 드러내는 것으로, 선지자였던 모세에게 주어진 가장 극적인 임무였다. 모세는 그가 이집트의 통치자로부터 받고 있던 심한 압박과 노예상태로부터 히브리인들을 출애굽하면서 이적과 기사를 행했고, 심지어 날씨와 자연적인 요소들에도 하나님께서 주신 권위를 행사했다.

고대 히브리 문서에 따르면, 모세는 바로가 모든 히브리 노예들의 남자 아기를 죽이도록 명령했을 때 태어났고, 생모가 그를 숨겨서 몰래 키웠다고 기록하고 있다. 그리고 곧 이집트 왕족의 아들로 입양된다. 많은 세월이 흐른 뒤에, 모세는 이집트의 노예 감독관을 때려죽이고 도망 간, 광야의 불타는 가시덤불 가운데 하나님의 음성을 듣는 놀라운 경험을 할때 까지 목자로의 삶을 살았다. 모세는 하나님의 명령을 받아 강력한 힘을 가지고 있던 이집트 바로 왕과 대면하여 히브리인들, 즉 이스라엘 백성의 자유를 요구하게 된다.

하나님은 수 세기에 걸쳐 존재하던 불법을 모세와 같은 선지자들을 통해서 바로 잡으시며, 바로 왕을 공개적으로 심판하셨고, 이러한 일련의 사건들 가운데 초자연적인 하나님의 능력이 나타나게 되었다. 이처럼 놀랍고 비교할 수 없는 이적과 기사들이 모세의 행동과 선포된 말을 통해 나타나자 이집트는 그 중심까지 흔들리게 된다. 바로 왕은 이집트인과 히브리인들의 목전에서 치명적인 전염병이 유행하여 생명을 위협하고, 마침내 열가지의 재앙들로 인해 전복 당하고 나서야, 히브리인들을 마지못해 해방시키게 된다.

이 모든 것이 선지자의 강력한 역할과 세상 일에 관여하시는 하나님의 관심을 새로운 관점에서 바라볼 수 있게 만든다. 비록 어떤 사람들은 모세가 그들 앞에 처음 출현했을 때 믿지 않았지만, 확실한 것은 많은 사람들이 초자연적인 능력을 통해서 히브리인의 하나님을 믿는 새로운 경험을 하였다. 그리고 처음에는 모세를 미친것처럼 평가했지만, 종국적으로 하나님께서 선택한 목소리였던 선지자 모세는 그들로부터 존경을 받게 되었다.

고대의 문서들은 우리에게 이 위대한 여정을 통해서 모세와 자유인이 된 이스라엘 백성들이 약속의 땅을 찾아 떠났고, 그들에게 하나님의 초자연적인 중재와 보호하심, 공급을 경험하게 되었다고 이야기 한다. 선지자로서 모세의 역할은 바로에게 메시지를 전달하고 이집트로부터 사람들을 탈출시킨 것 이상이 되었다.

이후 모세는 급속하게 성장하고 발전했던 이스라엘 사회에서, 다양한 사회적인 논쟁과 하나님의 뜻이 무엇인지를 알기 원하는 사람들에게 영적인 상담과 지도를 하는 사사(재판관)의 역할도 감당하게 된다. 모세가 이와 같이 많은 역할로 인해서 스트레스를 받는 것을 본 후에, 그의 장인 이드로가 모세의 지도 아래에서 섬길 사람들을 선택하여 그들을 지도자들로 임명할 것을 권고한다. 그렇게 함으로서 모세는 좀 더 중요한 문제들을 다루고, 임명되어진 지도자들은 새롭게 세워진 이스라엘의 재판관들로서 백성들을 섬기게 되었다.

직접 말씀하기 원하시는 하나님

출애굽기 18장에, 하나님은 이스라엘에게 직접 말씀하기를 원하셨기 때문에 그들을 모으라고 말씀하신다. 산 주위로 모인 백성들은 격렬한 번개 천둥소리와 생생한 연기 가운데 강림하신 하나님의 존재로 인해서 두려움에 떨었다. 이스라엘 백성은 하나님이 직접 말씀하는 것을 거부하며, 오히려 그들을 대신해서 모세에게 말씀해 주실것을 요청한다.

산 위에서 모세는 어리고 갈팡질팡하는 민족, 이집트의 노예생활로 인해서 뼈속까지 스며있던 그들의 잃어버린 가치들로 돌아가기를 요구하는 백성에게 하나님께 받은 십계명을 제시한다. 율법은 백성에게 선포되었지만, 슬프게도 하나님의 음성을 듣는 영광을 그들은 포기하고 말았다. 백성들을 대신하여 직접 하나님과 대화하며, 많은 사람들이 미쳤다고 불렀던 선지자들을 통해서 하나님의 음성은 중점적으로 발견되며 개발되었다. 소크라테스는 이렇게 말한다. '나는 시인들이 자신들의 시를 쓸 수 있도록 만드는 것이 지혜가 아니라 어떤 종류의 본능 혹은 영감이라고 생각한다. 즉 당신이 발견할 수 있는 주어진 메시지를 그것이 무슨 뜻인지 알지 못한 채로 전달하는 선견자들(Seers)이나 선지자들도 이와 같다.'[4]

선지자도 사람일 뿐이다

실수를 하는 것 혹은 틀리는 것이 당신의 삶과 세계를 위해서 하나님의 음성을 듣지 못하도록, 원수가 사용하게 될 가장 강력한 무기이다. 나는 많은 사람들에게 두려움을 불러일으키는 거짓 선지자에 관해서 오해하는 것들을 이곳에서 다루기 원한다.

비록 그리스도의 선지자로서 가지고 있는 명성을 방어하는 것이 중요한 것이라고 나는 믿지 않지만, 이 주제에 대한 정확한 성경적인 토대와 신뢰할 만한 원리들을 제공하게 될 역사적인 관점을 갖는 것은 매우 중요한 것이라고 믿는다. 이것은 특별히 선지자 직분으로 부르심을 입은 사람들이 잘못된 가르침 혹은 심지어 미숙함과 무지로 인해서 부르심과 반대되는 것들을 생산해낼 가능성을 피하기 위해서 필수적인 것이다.

그리스도의 초기 사역시 여러 복음서를 통해 기록되어 있듯이, 그의 추종자들에게 양의 탈을 쓴 굶주린 늑대인 거짓 선지자들을 조심할 것을 경고하셨다(마 7:15). 정확하게 그 사기꾼들이 나타나고 사라질 것을 미리 보신 가장 위대한 선지자가 경고한 이래로, 사람들을 속이고 조종하는 사람들이 앞으로도 나타나게 될 것이며 우리는 이 문제를 결코 가볍게 다뤄서는 안 된다.

그리스도의 말씀은 거짓 선지자는 자신의 본모습이 아닌 다른 모습으로 나타날 것임을 보여주고 있다. 비록 그가 양들 중 하나같이 보이겠지만 자세히 살펴보면 그의 먹이감을 노리고 있는 굶주린 포식자인 것을 볼 수 있을 것이다. 그렇기 때문에 나무의 열매를 보고 이것이 좋은 열매인지 그렇지 않은지를 판단해야 한다. 반면에 오늘 날 많은 사람들이 지금도 선지자들이 존재하고 있다는 사실과 자신들을 위해서 하나님의 음성을 들을수 있다는 가능성을 두려움을 가지고 바라고 있다. 이로 인해 하나님께서 우리의 삶 가운데 상호작용 하도록 의도하신 목적으로부터 얻게 될, 우리의 잃어버린 보물들과 유익들을 추구하는 모험을 포기해 버린다.

왜냐하면 출애굽의 기간 동안 많은 선지자들이 존재했지만 전능자를 대신하여 누가 이야기할 것인지, 그리고 누구를 믿을 수 있는지등의 문제가 생겨나게 되었다.

우리는 고대의 문서들로부터 다양한 권위의 수준에서 하나님의 음성을 전하는 역할을 감당하며, 그들이 속한 사회 공동체에 독특한 관계를 가졌던 선지자들과 꿈꾸는 사람들의 많은 예들을 발견할 수 있다.

또한 선지자들은 자신이 받은 특별한 은사와 각 사람이 받은 책무에 따라서, 매우 탁월하게 다양한 수준에서 국가적인 영향력을 발휘했다. 이러한 다양한 역할은 여호수아가 모세에게 보고했던 이스라엘 진중에서 예언하던 엘닷과 메닷의 예를 통해서 분명해진다. 여호수아가 모세에게 그들이 예언하는 것을 멈추게 하라고 청원했을 때, 모세는 민수기 11장을 통해서 다음과 같이 대답한다.

> **택한 자 중 한 사람 곧 모세를 섬기는 눈의 아들 여호수아가 말하여 이르되 내 주 모세여 그들을 말리소서. 모세가 그에게 이르되 네가 나를 두고 시기하느냐 여호와께서 그의 영을 그의 모든 백성에게 주사 다 선지자가 되게 하시기를 원하노라 (민 11:28~29)**

모세의 놀라운 대답은 다시 한 번 우리에게 하나님의 음성을 자신들을 위해서, 들을 수 있도록 하신 하나님의 본래 의도를 보여주고 있으며, 그리고 성숙한 선지자가 자신이 부르심을 입은 영역에서 영감을 제공하고, 다른 사람들이 또한 이 영역에서 탁월(성숙)해 지는 것을 보기 원하는 소망을 전달해 주고 있다.

성숙하지 못한 꿈꾸는 자들과 선지자들은 공동체 안에서 자신들이 받은 계시를 나누고 토의하기 시작한다. 물론 거짓 선지자들도 일어나 꿈과 비전에 대해서 거짓을 말하며, 예언들을 만들어 내며 사람들을 속이고, 자신들을 높은 자리와 명성으로 승진시키기 위해서 다른 선지자들의 예언을 훔치기도 한다.

또한 거짓 우상들을 대신하여 말하는 선지자들이 일어나 문제를 더욱 복잡하게 만들기 위해서, 사람들을 혼란 가운데 몰아 넣었으며 아브라함, 이삭, 야곱 그리고 그들의 기름 부음 받은 지도자인 모세로부터 가르침을 받은 믿음으로부터 사람들의 등을 돌리게 하는 원인을 제공했다. 이러한 문제들이 점점 증가되자 신명기는 모세가 그 사기꾼들과 속이는 자들의 목적을 단념시키기 위해서, 어느 정도의 일반적인 법을 제정하여 강력하게 집행하고 있는 모습을 보여준다.

예언을 판단하기

이것이 하나님의 음성을 듣고자 갈망하던 많은 사람들을 그 과정에서 죽게 하고 멈추게 만든 통념으로 우리를 이끌어 주고 있다. 문맥에서 벗어나 사람들이 빈번하게 잘못 인용하고 있는 구절이 신명기 13장과 18절에 있다. 우리는 모세의 가르침으로부터 고대의 선지자들과 그들의 예언들에 관한 두 가지 기본적인 시나리오를 보게 될 것이다. 첫째, 우리는 그들이 선포한 예언의 말씀이 성취된 경우를 보게 될 것이고(신 13), 두 번째로는 선포된 예언이 성취되지 않은 경우를 살펴보게 될 것이다(신 18).

현재 교회 안에서 나의 사역을 반대하며 다른 선구자적인 예언적 목소리들을 반대하는 많은 사람들은 선지자의 예언이 100% 성취되어야하며, 그렇지 않은 경우에는 거짓 선지자로 정죄해야 한다는 생각을 가지고 있다. 내가 믿기로는 진정으로 그 주제에 관해서 오해하고 있는 사람들도 있고, 일부는 유명한 지도자들의 의견을 단순하게 따르는 사람들도 있다.

하지만, 나는 이러한 다른 견해를 가르치고 그것이 옳다고 믿는 많은 사람들이 보통은 자신들이 가지고 있는 하나님에 대한 편협한 기준에 맞지 않거나, 또한 이것의 올바른 인용이나 자신들이 요구한 기준에 일치하지 않으면 그것들을 경멸하고, 성경에 기록되어 있는 선지자들의 예를 들어 그들의 견해에 도전을 하면 이내 화를 내는 것을 발견할 수 있었다.

하나님의 음성을 듣기 원하는 당신의 여정에 놓여있는 방해물을 극복하도록 돕기 위해서, 우리는 정확하고 분명한 진리를 성경에서 살펴보게 될 것이다. 다음은 모세가 토라를 기록하며 우리에게 준 메시지이다.

> **너희 중에 선지자나 꿈꾸는 자가 일어나서 이적과 기사를 네게 보이고 그가 네게 말한 그 이적과 기사가 이루어지고 너희가 알지 못하던 다른 신들을 우리가 따라 섬기자고 말할지라도 너는 그 선지자나 꿈꾸는 자의 말을 청종하지 말라 이는 너희의 하나님 여호와께서 너희가 마음을 다하고 뜻을 다하여 너희의 하나님 여호와를 사랑하는 여부를 알려 하사 너희를 시험하심이니라 너희는 너희의 하나님 여호와를 따르며 그를 경외하며 그의 명령을 지키며 그의 목소리를 청종하며 그를 섬기며 그를 의지하며 그런 선지자나 꿈꾸는 자는 죽이라 이는 그가 너희에게 너희를 애굽 땅에서 인도하여 내시며 종 되었던 집에서 속량하신 너희의 하나님 여호와를 배반하게 하려하며 너희의 하나님 여호와께서 네게 행하라 명령하신 도에서 너를 꾀어내려고 말하였음이라 너는 이같이 하여 너희 중에서 악을 제할지니라 (신명기 13:1~5)**

이 첫 번째 시나리오에서 우리는 선지자나 꿈꾸는 자들이 선포한 예언이 성취되기는 하지만, 사람들로 하여금 거짓 우상들을 섬기게 만들며 그들을 이용하고자 하는 의도를 볼 수 있다. 모세의 율법에 따라 이런 사람은 돌로 쳐 죽여야 함이 마땅하다.

모세가 살아있는 동안 돌로 쳐 죽이는 처벌 방법이 사용되었을 뿐만 아니라, 역사에 걸쳐 사형제도의 형식으로 많은 경우에 이를 적용하였다. 유대교와 고대 그리스에서 이러한 형벌은 일반적인 것이었고, 나중에는 여러 가지 죄를 처벌하기 위한 종교적인 형벌의 방법으로도 사용되었다. 신성모독, 매춘, 간음, 살인, 그리고 배교 등의 범죄를 돌로 쳐 죽이는 형벌로 다스렸다. 비록 그리스도를 따르던 사람들을 포함해서 많은 사람들이 이러한 형벌의 방법으로 순교했지만, 예수께서는 이러한 관습의 실행을 금하라고 가르치셨다.

유대교에서는 전략적으로 그러한 형벌을 수행할 수 있는 책임자가 존재하지 않는다. 왜냐하면 그 사람이 모든 것에 대한 책임을 져야하며 또한 역설적으로 자신도 살인죄를 저지르는 것이기 때문이다. 분명한 것은, 그러한 현장에서 증인들이 먼저 돌을 던져야 하며 범죄자들을 처벌함으로서 공동체를 섬기고, 누가 그 범죄자의 죽음에 직접 영향을 주어 돌을 던진 사람이 누구인지 추적하는 것을 방지하기 위함이었다. 이렇게 아무도 책임을 질 사람이 없게 함으로서 그 처벌에 참여한 모든 사람들을 보호 할 수 있었다.

비록 흔한 경우는 아니지만 아직도 종교가 법 위에 군림하는 여러 이슬람 국가에서는 돌로 사람을 죽이는 사형제도가 남아있고, 경미한 범죄로 인해서 사람들이 처벌되거나 사형이 집행되고 있다는 보고가 있다.

모세가 지시한 선지자를 정죄하고 돌로 치는 것을 올바른 문맥에서 알아보기 위해서, 주님으로부터 사람들을 멀어지게 하려고 시도한 형제, 자매, 아들, 딸 혹은 심지어 배우자를 포함한 사람들을 어떻게 다뤄야 하는지 신명기 13장을 통해 살펴보는 것은 매우 중요하다.

네 어머니의 아들 곧 네 형제나 네 자녀나 네 품의 아내나 너와 생명을 함께 하는 친구가 가만히 너를 꾀어 이르기를 너와 네 조상들이 알지 못하던 다른 신들 곧 네 사방을 둘러싸고 있는 민족 혹 네게서 가깝든지 네게서 멀든지 땅 이 끝에서 저 끝까지에 있는 민족의 신들을 우리가 가서 섬기자 할지라도 너는 그를 따르지 말며 듣지 말며 긍휼히 여기지 말며 애석히 여기지 말며 덮어 숨기지 말고 너는 용서 없이 그를 죽이되 죽일 때에 네가 먼저 그에게 손을 대고 후에 뭇 백성이 손을 대라 그는 애굽 땅 종 되었던 집에서 너를 인도하여 내신 네 하나님 여호와에게서 너를 꾀어 떠나게 하려 한 자이니 너는 돌로 쳐 죽이라 그리하면 온 이스라엘이 듣고 두려워하여 이 같은 악을 다시는 너희 중에서 행하지 못하리라 (신 13:6~11)

위의 성경말씀을 통해서 보면, 선지자 뿐만 아니라 이런 중대한 죄를 지은 모든 사람을 돌로 쳐 죽이라고 지시하고 있다. 그러나 선지자 직분이 다양한 반응들을 불러 일으키고 특별히 종교적인 사람들 가운데, 많은 사람들이 보통 사람들의 실패 보다는 선지자의 잠재적인 실패에 집중하는 것이 쉽다고 생각한다. 비록 돌로 치는 것이 오늘 날 문화 가운데에는 허락되지 않지만, 선지자들을 경멸하는 사람들은 보통 그들의 두려움과 의심, 비이성적인 판단을 자극하는 교활한 시도를 하는 것에서 만족감을 찾고 있다.

율법이 주어진 후 수 백년의 시간이 흐른 뒤, 선지자이신 예수의 가르침과 삶은 그 당시 견고하게 서있던 종교적인 공동체에게 도전을 주었는데, 이것은 돌로 치는 처벌을 포함한 여러 가지 측면들이었다. 그리스도는 돌로 사람을 쳐서 죽이는 형벌이 시작된 이후로, 하나님께 선택 받았던 많은 사람들을 죽음에 이르도록 하였고 이것이 원래 의도에서 벗어나 오용되고 있다는 것에 동의 하셨다.

예루살렘아 예루살렘아 선지자들을 죽이고 네게 파송된 자들을 돌로 치는 자여 암탉이 그 새끼를 날개 아래에 모음 같이 내가 네 자녀를 모으려 한 일이 몇 번이더냐 그러나 너희가 원하지 아니하였도다 (마 23:37)

이것은 분명하게 부패한 종교적인 시스템이 모세의 뒤를 이은 이 땅의 세대로 하여금 하나님의 음성을 듣지 못하도록 하기위한 시도였으며, 심지어 오늘 날까지 이러한 일을 지속해 오고 있다. 그리스도를 시험하기 원하는 종교 지도자들이 간음하다 현장에서 붙잡혀온 여인을 그 앞으로 데려왔다. 예수는 하나님을 바라보는 편협한 시각을 가지고 있던 사람들이 그 여인을 돌로 치려하자 고소하던 자들을 말씀으로 무장해제 시키는 상상도 할 수 없는 자비를 보여주셨다.

모세는 율법에 이러한 여자를 돌로 치라 명하였거니와 선생은 어떻게 말하겠나이까 그들이 이렇게 말함은 고발할 조건을 얻고자 하여 예수를 시험함이러라 그러나 그리스도의 대답은 너희 중에 죄 없는 자가 먼저 돌로 치라 하시고, 그들이 이 말씀을 듣고 양심에 가책을 느껴 어른으로 시작하여 젊은이까지 하나씩 하나씩 나가고 오직 예수와 그 가운데 섰는 여자만 남았더라 나도 너를 정죄하지 아니하노니 가서 다시는 죄를 범하지 말라 하시니라 (요 8:5~11)

선지자이신 예수 그리스도는 하나님의 사랑과 용서를 보여주심으로 돌에 맞아 죽음을 당할 뻔 했던 여인의 생명이 구제되었으며, 엄격한 율법에 의해서가 아닌 하나님의 영으로 사람들을 다루기 원하시는 새로운 시대가 시작되었음을 보여주고 있다. 이렇게 새롭게 선보여진 은혜는 모세를 통해서 미리 본 선지자의 삶의 상징이었으며, 결국 예수님은 모든 사람들의 영적인 자유를 위해서 자신의 목숨을 내려 놓으셨다. 또한 이것은 그의 제자들과 선지자들이 되기를 원하는 사람들에게 그들이 세상을 향해 선포하게 될 혁명적이며 긍정적인 메시지를 위한 새로운 모범이 되었다.

선지자의 예언이 성취되지 않았을 때

두 번째 시나리오는 선지자의 예언들이 성취되지 않았을 경우이다. 작금의 세계를 포함한 많은 세대를 통해서 종교적인 시스템이 오용해 왔던 것과는 반대로, 모세는 예언이 성취되어 지지 않는 선지자들을 두려워하지 말라고 가르치고 있다. 그러나 신명기 18장은 예언이 하나님께로부터 나온 것인지 그렇지 않은 것인지를 분별하는 방법과, 예언이 성취되지 않은 말씀을 선포한 선지자들에게 어떻게 반응해야 하는지 우리에게 지침을 주고 있다. 모세는 이것을 기독교 공동체에서 앞으로 일어나게 될 선지자와 그 선지자가 선포할 말씀의 중요성에 대한 예언으로 시작하고 있다.

네 하나님 여호와께서 너희 가운데 네 형제 중에서 너를 위하여 나와 같은 선지자 하나를 일으키시리니 너희는 그의 말을 들을지니라 이것이 곧 네가 총회의 날에 호렙 산에서 네 하나님 여호와께 구한 것이라 곧 네가 말하기를 내가 다시는 내 하나님 여호와의 음성을 듣지 않게 하시고 다시는 이 큰 불을 보지 않게 하소서 두렵건대 내가 죽을까 하나이다 하매 여호와께서 내게 이르시되 그들의 말이 옳도다

내가 그들의 형제 중에서 너와 같은 선지자 하나를 그들을 위하여 일으키고 내 말을 그 입에 두리니 내가 그에게 명령하는 것을 그가 무리에게 다 말하리라 누구든지 내 이름으로 전하는 내 말을 듣지 아니하는 자는 내게 벌을 받을 것이요 만일 어떤 선지자가 내가 전하라고 명령하지 아니한 말을 제 마음대로 내 이름으로 전하든지 다른 신들의 이름으로 말하면 그 선지자는 죽임을 당하리라 하셨느니라 네가 마음속으로 이르기를 그 말이 여호와께서 이르신 말씀인지 우리가 어떻게 알리요 하리라 만일 선지자가 있어 여호와의 이름으로 말한 일에 증험도 없고 성취함도 없으면 이는 여호와께서 말씀하신 것이 아니요 그 선지자가 제 마음대로 한 말이니 너는 그를 두려워하지 말지니라 (신 18: 15~22)

다시 말하자면, 만일 그 말씀이 하나님으로부터 온 것이라면 그 말씀은 반드시 성취될 것이며, 만일 하나님으로부터 온 것이 아니라면 성취되지 않을 것이다. 이것이 예언이나 꿈들이 하나님께로부터 온 것인지 그렇지 않은 것인지를 분별하는 기준이 된다. 만일 선지자의 예언이 성취되지 않았다면, 그가 선포한 예언은 그 어떤 신빙성을 가지고 있지 못하기 때문에 그 사람을 돌로 쳐 죽일 필요도 없다.

모세가 모든 사람들의 꿈이나 받은 말씀들을 직접 찾아가 분별할 수 없었기에 그는 공동체 안에서 주어진 예언들을 판단하는 간단한 방법을 교육시켰던 것이다. 비록 이것이 중요하지 않게 보인다 할지라도 어떤 예언이 하나님으로부터 온 것인지 그렇지 않은 것인지를 구별하는데 있어서 중요한 도움을 제공하고 있다.

그 당시 사람들은 모세가 보여준 이 땅으로부터 일어난 권위가 아닌 능력들을 직접 보았기 때문에 진짜 선지자를 두려워했다. 특별히 이집트인들에게 임한 무서운 심판들을 보고 경험했기에 그들이 선지자를 두려워하게 된 진정한 이유가 되었다. 그러므로 모세는 예언이 성취되지 않은 선지자들을 두려워하지 말라고 가르쳤던 것이다. 이것은 오늘 날에도 공포심을 조장하며 자신들의 삶 가운데 존재하는 불안감을 다른 사람들의 잘못을 찾음으로서 보상 받으려고 하는 종교적인 열성당원들의 접근 방법과는 반대되어진다. 신명기 13장에 따르면 참다운 선지자의 표징이 예언의 정확함이나 혹은 그의 예언들이 항상 성취되어야만 한다고 믿고 있는 사람들이 실질적으로 기만당할 위험성이 더욱 크다고 이야기하고 있다.

반면에, 율법은 성취되지 않는 말씀을 전했다고 여겨지는 사람들을 돌로 치라고 이야기 하지 않고, 다른 우상들의 이름으로 예언했거나 추정하여 예언한 선지자는 반드시 죽이라고 말하고 있다는 것을 분명하게 이해하는 것이 필요하다. 이 경고는 에덴동산에서 아담에게 선악을 알게 하는 나무의 열매에 관해서 주어졌던 경고와 같은 것이다. 창세기 2:16~17절에 기록되었다. "여호와 하나님이 그 사람에게 명하여 이르시되 동산 각종 나무의 열매는 네가 임의로 먹되 선악을 알게 하는 나무의 열매는 먹지 말라 네가 먹는 날에는 반드시 죽으리라 하시니라."

그 이야기는 아담과 아내 이브가 분명하게 경고 되어진 그 나무의 열매를 결국 먹었지만 하나님은 그들을 사형에 처하지 않으셨다. 아담과 이브는 그들이 범한 불순종으로 인해서 죽음을 당하지 아니했다. 분명히 그들이 금지된 열매를 맛본 후에 하나님은 그들에게 그 결과로서 모든 인류에게 임하게 될 저주를 내리셨고, 그 결과로 성경은 우리에게 하나님이 그들의 수치와 벌거벗음을 가려줄 짐승의 가죽옷을 만들어 주셨다고 기록하고 있다. 비록 그들이 모든 것을 망쳐버렸지만, 하나님은 아담과 이브를 죽이지 않으셨고 그들을 부인하지 않으셨다. 그들은 지속적으로 자녀를 생산하며 오랜 삶을 살았다. 창세기에 나와 있는 가계도를 살펴보면 아담은 930세까지 생존했던 것으로 기록되어있다.

그러면 예언한 말씀이 성취되지 않은, 추정하여 예언하는 자 혹은 우상들의 이름으로 예언하는 사람들을 죽여야 하는 것일까? 진정한 하나님의 음성을 알지 못했던 사람들 혹은 이전에는 알고 있었지만 그들의 권리를 포기한 사람들은 진정한 예언적인 비전이 없는 사람들이다. 그들은 하나님의 권세의 영원한 관점 안에서 역사하지 못하는 사람들이다. 그들은 자연적인 비전이 그들을 인도하도록 함으로 자신들을 제한한 사람들이다. 잠언 29:18은 "묵시가 없으면 백성이 방자히 행하거니와" 라고 말하고 있다.

결론적으로, 이 문제의 요점은 기본적으로 당신을 위해서 하나님의 음성을 최소한 인지 할 수 있도록, 그리고 거짓 종교의 망하게 하는 영향과 사기꾼들로부터 보호할 수 있도록 당신을 준비시키는 것에 있다. 그리고 율법은 완전한 것이 아니다. 그 율법은 거짓 선지자가 어떤 사람인지에 대한 분명한 정의를 주지 않고 있지만, 예언이 빗나간 사람들을 두려워하지 말 것을 우리에게 가르치고 있다. 이것은 분명하게 어느 정도까지는 선지자들이 하나님의 이름으로 선포하는 것에 대한 신뢰와 질서에 효과적이었을 것이다. 그러나 그 이후 시간이 흐른 뒤, 미묘한 예언을 선포하는 선지자들이 이와 같이 기본적이고 정확한 분별의 기준들로 인해서 판단 받지 못했을 것이다.

모세 이후로 다른 많은 예언적인 소리들이 출현했으며, 전능자를 대신하여 말씀을 선포하는데 하나님은 선지자들을 사용하셨다. 비록 논쟁의 대상이 될 만한 것이지만, 평범한 사람들이 간과했을 만한 성경의 예언들이 가장 잘 알려진 예언적인 목소리로 선포되어졌으나, 성취되지 않은 예들을 성경에서 찾아 볼 수 있다. 이러한 예언적인 말씀들의 역동성을 온전하게 이해하기 위해서는, 당신은 하나님의 역사하심이 항상 그 분께서 원래 의도하신 대로만 이루어지지 않는다는 사실을 이해해야만 한다.

계획(의도)하심과 역사하심

하나님이 인류에게 미래에 대해서 말씀하실 때, 하나님의 말씀은 모든 사람들이 복을 받기 원하시는 그 분의 목적에 기초한다. 하나님의 마음으로 그것을 반드시 이루 실것이라는 의심 없는 목적을 우리로 하여금 알게 하실 것이다. 그러나 하나님의 역사하심은 많은 경우에 그 말씀을 받는 사람들의 반응에 의해서 결정되어 진다. 그리고 그들의 삶을 위해서 그 말씀을 취할 것인지, 아니면 거부할 것인지가 결정되어 진다. 많은 사람들이 이것을 이해하지 못한다. 그러나 하나님의 역사하심은 그 분의 계획과 항상 일치하지는 않는데, 그 이유는 하나님께서 우리에게 우리의 운명을 결정할 수 있는 권세를 허락하셨기 때문이다.

사람들은 그들의 삶을 통해서 매일 실수를 한다. 그리고 불행하게도 이것은 때때로 주어진 말씀의 결과를 결정하게 된다. 하나님은 전능하신 분이다. 그러나 그 분은 우리에게 우리 자신을 위해서 결정할 수 있는 자유의지를 허락하셨고, 항상 인내하심으로서 우리로 하여금 그렇게 할 수 있도록 허락하신다. 하나님의 계획은 모세가 반석을 치는 것 대신 선포함으로서 물이 나오게 하는 것이었다. 하나님의 역사하심은 백성들을 향한 모세의 분노와 하나님에게 불순종한 그의 행동에 의해서 결정되었다. 하나님의 계획은 하나님의 음성을 백성들로 하여금 직접 듣게 하는 것이었다.

하지만 하나님의 음성을 듣는 것을 두려워 한 백성들의 행동과 다시는 하나님의 음성을 직접 듣지 않도록 한 그들의 요구, 즉 그들이 모세에게 하나님의 음성을 듣고 하나님께서 무슨 말씀을 하셨는지를 대신 말해 달라고 요청한 것에 의해 역사하셨다.

삼손을 향한 하나님의 계획은 건강한 몸과 마음으로 블레셋을 대항하여 일어날 강한 사람이 되게 하는 것이었다. 하나님의 역사하심은 들릴라의 유혹으로 힘의 근원의 비밀을 드러낸 삼손의 의지에 의해서 결정되어졌다. 결과적으로 그는 눈알을 뽑힌 채로 사슬에 묶여 하나님의 뜻을 성취하게 되었다. 하나님의 계획은 엘리와 그의 가족이 대대로 제사장직을 수행하는 것이었지만, 하나님의 역사하심은 성전에서 저질러진 죄악을 묵인한 엘리의 행동에 의해서 결정되어졌다. 그리고 하나님은 "내가 전에…하였으나, 이제 나 여호와가 말하노니…"라고 말씀하셨다.

하나님의 계획은 기드온 시대에 이스라엘 백성들이 원수의 압제에서 벗어나 자유로운 삶을 사는 것이었다. 한 선지자가 그들이 왜 미디안 사람들에 의해서 압제받으며 억눌림을 받고 있는 이유를 알게 해 주었다. 하나님의 역사하심은 이스라엘의 불순종과 죄로 인해서 결정되어졌다. 하나님의 계획은 모세로 하여금 이스라엘 자손이 약속의 땅에 들어가는 것이었지만, 10명의 정탐꾼들이 가져온 부정적인 보고가 약 350만 명의 의지에 영향을 미치게 했다. 하나님은 이스라엘에게 40년 동안 광야를 방황하게 하신 후에 그 땅을 허락 하셨다. 하나님의 역사하심은 사람들의 불신과 그들이 이집트로 돌아가고자 한 열망으로 인해서 결정되었다.

사사들-과도기의 선지자들

사사 시대에 "이스라엘의 어머니"라고 불렸던 드보라가 일어났다(삿 4~5장 참조). 그녀는 사람들 가운데 사사로 섬겼으며, 바락과 그 부족의 독립전쟁에 관한 하나님의 명령을 전달했다. 그 혼돈의 시대에 하나님의 말씀은 희귀했으며, 하나님은 비틀거리는 민족이 자신들의 파멸로 이끄는 대로 걸어가도록 놔두셨다. 이 기간 동안, 모두 15명의 사사들이 일어났으며 그 마지막 사사가 바로 장로의 법을 회복하며 이스라엘의 왕정이 시작되는 것을 감독하라는 하나님의 사명을 받은 사무엘이다.

사무엘-왕들에게 보내심을 받은 선지자

랍비문학에 따르면 사무엘은 히브리인들의 마지막 사사였으며, 이스라엘 전체를 통해서 예언을 선포했던 대 선지자들 중 첫 번째 선지자였다. 사무엘상 1장 20절에 따르면 한나가 그의 어머니였고 그녀는 아이를 구한 자신의 기도에 응답하신 하나님을 기억하며 사무엘의 이름을 지었다. 사무엘은 하나님께서 말씀하신 "그의 말이 하나도 땅에 떨어지지 않게 하시니"(삼상 3:19)라고 말씀하신 유일한 선지자이다. 사무엘은 이스라엘의 첫 번째 왕이었던 사울과 그의 승계자인 다윗을 알아보고 그들에게 기름 부었다.

우리는 성경에서 사무엘의 가르침과, 적어도 그와 밀접하게 관련되어졌던 악기와 음악을 동반한 일련의 선지자의 무리들을 처음으로 발견 할 수 있다. 그 선지자들은 음악을 예배를 위해서 사용했던 것처럼 보이고, 그들이 받은 계시를 풀어놓는 장을 마련하며 아마도 그들을 따르는 사람들이 일치된 선포를 하도록 영감을 제공하는

데 음악을 사용한 것 같다. 이러한 선지자들에 대한 세부사항은 기록되어 있지 않지만, 사무엘과 함께 음악을 연주하던 사람들은 사무엘의 지도력 아래서 사람들에게 신탁을 선포했던 것 같다. 그들은 사도행전에 기록되어 있는 것처럼 그리스도의 제자들에게 임했던 은사들과 유사한 은사들을 가지고 있었다는 것을 보여준다.

또한 선지자였던 다윗왕도 훈련받은 음악가였고 전사였다. 다윗은 거문고와 검을 사용하여 그의 왕권을 나타냈으며, 원수들을 물리쳤다. 하지만 그를 위대하게 만든 것은 그의 검도, 거문고도 수금도 아닌 그의 마음이었다. 나는 음악가로서 나의 예언적인 선포의 스타일은 음악과 밀접하게 연결되어 있으며, 나는 그 음악과 함께 사람들이 하나님과 함께 하는 순간을 준비시키는 예언적인 환경을 창조한다.

이사야–정치가였던 선지자

이사야 선지자는 예수님이 처녀의 몸에서 탄생하실 것을 포함한 많은 일들을 정확하게 예언했다(사 7:14 참조). 역사책에 의하면 이사야는 몸이 톱으로 인해 두 동강 나는 끔찍한 죽음을 당한 위대한 선지자로 기록되어있다. 또한 이사야는 율법에 따라 분별하기 어려웠던 예언을 하기도 했다. 예언적으로 그는 죽어가고 있는 히스기야 왕에게 그가 죽을 것이기 때문에 그의 집에 유언할 것을 예언했다. 히스기야는 통곡하며 즉시로 기도했고 그의 생전에 선한 일들을 하나님께서 기억해 주실 것을 탄원했다.

예언적인 말씀에 대한 히스기야의 반응이 하나님의 마음을 변화 시켰으며, 그는 그 즉시로 15년의 생명이 연장되었기에 이사야가 선포한 예언은 성취되어지지 않았다. 바로 이러한 예를 통해서 율법만으로 모든 예언을 판단하는 것이 충분하지 않다는 것을 알 수 있다. 오늘 날, 일부의 사람들이 가지고 있는 기준에 따르면 이사야의 예언이 성취되어지지 않았기 때문에 그는 거짓 선지자로 분류되어야만 한다. 그러나 위의 예는 점진적으로 펼쳐지는 예언은 그 말씀을 받는 사람의 반응에 의해서 결정되는 것을 보여준다.

> 그 때에 히스기야가 병들어 죽게 되매 아모스의 아들 선지자 이사야가 그에게 나아와서 그에게 이르되 여호와의 말씀이 너는 집을 정리하라 네가 죽고 살지 못하리라 하셨나이다 히스기야가 낯을 벽으로 향하고 여호와께 기도하여 이르되 여호와여 구하오니 내가 진실과 전심으로 주 앞에 행하며 주께서 보시기에 선하게 행한 것을 기억하옵소서 하고 히스기야가 심히 통곡하더라 이사야가 성읍 가운데까지도 이르기 전에 여호와의 말씀이 그에게 임하여 이르시되 너는 돌아가서 내 백성의 주권자 히스기야에게 이르기를 왕의 조상 다윗의 하나님 여호와의 말씀이 내가 네 기도를 들었고 네 눈물을 보았노라 내가 너를 낫게 하리니 네가 삼 일 만에 여호와의 성전에 올라가겠고 내가 네 날에 십오 년을 더할 것이며 내가 너와 이 성을 앗수르 왕의 손에서 구원하고 내가 나를 위하고 또 내 종 다윗을 위하므로 이 성을 보호하리라 하셨다 하라 하셨더라 (왕하 20:1~6)

요나-마지못해 순종했던 선지자

하나님은 선지자 요나에게 니느웨 성으로 올라가서 그 도시가 멸망하게 될 것이라고 예언하라고 말씀하셨지만, 약삭빠른 요나는 하나님이 마음이 변해 그 도시를 멸망시키시지 않을 것이라고 생각했다. 또한 그렇게 되기를 원치 않았기 때문에 처음에는 니느웨 성으로부터 멀리 도망한다. 하지만 요나 이야기는 하나님이 요나의 마음을 바꾸어 마침내 성읍에 올라가서 예언할 것에 동의 할 때까지 요나에게 어려운 상황을 통과하게 한다. 마침내 요나는 니느웨 성으로 올라간 후 40일내에 하나님께서 그 성읍을 심판하실 것이라는 말씀을 선포했다. 그 백성들은 이러한 말씀에 하나님이 바라시는 대로 반응했다. 그들의 회개로 인해서 하나님은 마음을 돌리셨고 그 중에 한 사람도 멸망당하지 않았다.

> 여호와의 말씀이 두 번째로 요나에게 임하니라 이르시되 일어나 저 큰 성읍 니느웨로 가서 내가 네게 명한 바를 그들에게 선포하라 하신지라 요나가 여호와의 말씀대로 일어나서 니느웨로 가니라 니느웨는 사흘 동안 걸을 만큼 하나님 앞에 큰 성읍이더라 요나가 그 성읍에 들어가서 하루 동안 다니며 외쳐 이르되 사십 일이 지나면 니느웨가 무너지리라 하였더니 니느웨 사람들이 하나님을 믿고 금식을 선포하고 높고 낮은 자를 막론하고 굵은 베 옷을 입은지라 그 일이 니느웨 왕에게 들리매 왕이 보좌에서 일어나 왕복을 벗고 굵은 베 옷을 입고 재위에 앉으니라 왕과 그의 대신들이 조서를 내려 니느웨에 선포하여 이르되 사람이나 짐승이나 소 떼나 양 떼나 아무것도 입에 대지 말지니 곧 먹지도 말 것이요 물도 마시지 말 것이며 사람이든지 짐승이든지 다 굵은 베 옷을 입을 것이요 힘써 하나님께 부르짖을 것이며 각기 악한 길과 손으로 행한 강포에서 떠날 것이라 하나님이 뜻을 돌이키시고 그 진노를 그치사 우리가 멸망하지 않게 하시리라 그렇지 않을 줄을 누가 알겠느냐 한지라 하나님이 그들이 행한 것 곧 그 악한 길에서 돌이켜 떠난 것을 보시고 하나님이 뜻을 돌이키사 그들에게 내리리라고 말씀하신 재앙을 내리지 아니하시니라 (욘 3:1~10)

오늘날 일반적인 회의론자들은 아마도 요나가 완전히 정신 나갔을 것이라고 생각할 것이다. 특별히 그가 선포한 말씀이 성취되지 않았기 때문에 더욱 그렇다고 생각할 것이다. 요나는 만일 그들이 회개하여 돌아선다면, 하나님께서 그 성을 멸망치 않을 것이라는 조건은 포함하지 않았다.

율법에 따르면, 요나의 예언은 성취되지 않았기 때문에 하나님으로부터 온 말씀이 아니다. 요나가 돌에 맞아 죽을 일은 없을 것처럼 보이지만, 일부는 그를 신뢰하지 않았고, 반면에 어떤 사람들은 그가 예견된 재앙이 일어나는 것을 막는 데 도움을 주었기 때문에 영웅대접을 받을 수 도 있을 것이라고 생각 할 것이다.

내가 이야기하고자 하는 것은 하나님께서 당신에게 자유의지라는 선물을 허락하셨고, 당신의 삶에 하나님의 뜻이 성취되는 것을 볼 수 있도록 당신이 동의하며 이에 상응하는 행동을 취해야 한다는 것이다.

하나님을 향한 당신의 반응이 하나님께서 허락하신 약속으로 들어갈 수 있는지 혹은 그렇지 못할 것인지를 결정한다. 당신의 삶을 향한 하나님의 목적이 이루어 질 것인지 그렇지 않은지를 결정할 수 있는 권리가 당신에게 주어졌다. 당신의 미래에 대한 책임이 당신에게 있으며, 그 어떤 사람도 그것을 변화시키지 못한다. 특별히 당신이 삶의 또 다른 여정을 걷기를 원한다면 말이다. 하나님은 그 문제를 당신의 손에 맡겨 두셨다. 그리고 하나님은 당신의 행동에 반응하신다. 이 과정에서 하나님에 대한 당신의 생각과 이미지가 형성되는데 중요한 원인이 되며, 또한 당신으로 하여금 하나님이 당신에게 가장 좋은 것을 원하고 계신다는 최고의 자신감을 제공한다.

한 사람이 어떤 은사나 소명 안에서 성숙해 갈 때, 하나님이 당신에게 보여주셨다고 믿고 있던 무엇인가가 잘못된 것이라는 것을 깨닫게 되는 일이 생길 것이다. 바로 이러한 경우가 하나님께서 당신에게 주실 가능성이 있는 말씀들을 온전하게 분별하는 것이 중요한 이유이다. 만일 이것이 하나님의 성품과 계시되어진 것에 반대되는 것이라면, 그 문제를 찾아 헤매기 위해서 시간을 낭비할 필요가 없다. 심지어 당신이 그 말씀을 신중하게 저울질 했음에도 불구하고 당신에게 하나님께서 보여주셨던 것이 정확하지 않은 것을 발견할 때가 있을 것이다. 당신의 여정에 있어서 이러한 것들이 당신을 낙담시키도록 허락해서는 안 된다.

내가 예언한 말씀들이 성취되지 않을 때와 잘못된 것처럼 보일 때가 있다. 이것으로 인해서 나 자신을 판단할 수 있는 사람은 바로 나 자신이다. 그러나 하나님께서는 우리가 완전할 때에만 말씀하시고, 선지자는 그 어떤 실수도 하지 않는다고 믿는 오해는 비극적인 것이다. 이것은 바보 같을 뿐만 아니라 히브리어 성경과 그리스어 성경에서 볼 수 있는 위대한 믿음의 지도자들의 가르침과 예를 통해서 나타난 하나님의 성품과도 일치하지 않는다.

내가 믿기로 자신이 선지자라고 이야기하는 사람은 그들의 말을 뒷받침할 만한 정확한 기록을 가지고 있어야 하지만 하나님의 목소리가 되기 위해서 완벽할 필요는 없다. 그 근원은 완전하지만 그 말씀을 의사소통 할 수 있도록 선택되어진 것은 일개 사람일 뿐이다. 이것은 하나님께서 우리와 함께 하시며 자신을 인간의 친구로서 표현하시는 것이다. 이러한 예언적인 융합은 하나님의 도구가 된다는 것에 있어서 백미이다.(가장 아름답고 중요한 것이다)

단지 어떤 직업, 기술, 은사, 혹은 소명에 있어서 정확하지 않다는 것이 그 사람을 거짓이라고 단정하지 못한다. 교사가 의도하지 않게 어떤 잘못되고 오해하게 만드는 정보를 줄 수도 있지만, 그 한 가지 사실 만으로 그 사람이 거짓 교사가 되는 것은 아니다. 같은 원리가 선지자들에게도 적용된다. 선지자의 인간적인 특성은 하나님께서 주시는 말씀과는 별개의 것이며, 그것들이 그 예언의 적법성을 부정하지 못한다. 기억해야 할 중요한 점은 하나님은 절대 실수 하지 않으신다는 것이며, 하나님 앞에서 모든 사람이 그들의 불완전함을 인정해야 한다는 것이다.

나는 이것이 사실이라는 것을 알고 있기 때문에, 절대 예언하는 것을 멈추지 않을 것이다. 왜냐하면 나는 비록 내가 나의 친구들과 상담자들에게 항상 보고(의탁)할 필요가 있고 그렇게 할 것이지만, 이것이 하나님께서 내가 하도록 부르신 일이라는 것을 알고 있기 때문이다. 나의 갈망은 사람들을 사랑과 긍휼의 마음으로부터 만지기를 원하는 것이기에 항상 최선을 다해서 하나님께 순종할 것이다. 또한 예언이 틀렸을 것이라는 두려움 때문에 예언하는 것을 멈추지 마라. 만일 당신이 하나님의 음성을 따르다 보면, 가능한 위험들보다 그 보상이 훨씬 크다는 것을 경험하게 될 것이다. 조지 뮬러는 이렇게 말했다. "걱정의 시작이 믿음의 끝이며 진정한 믿음의 시작이 바로 걱정의 끝이다." [5]

엘리야와 엘리사-위기의 시간을 산 선지자들

사무엘과 이사야 시대 사이에 살았던 두 명의 위대한 예언의 인물들이 바로 엘리야와 엘리사이다. 이스라엘은 거짓 우상들을 섬김으로써 타락했다. 특별히 이스라엘 백성들은 아합왕의 아내였던 이세벨이 가져온 페니키아인들의 우상들을 숭배

했다. 또한 이스라엘의 신앙은 그들의 하나님 야훼와 거짓 우상인 바알을 섬기는 것으로 양분되어졌다.

그 당시 엘리야는 말씀의 선포와 함께 기적을 행하며, 이스라엘을 참 하나님에게로 돌아가도록 이끈다. 이것이 백성들과 가나안 우상들의 영향을 받고 있던 보통 사람들에게 영향을 주었다. 그 때 갈멜산에서 엘리야는 바알의 선지자들과 극적인 대결에서 하나님의 능력을 보여주게 된다. 결국에 엘리야는 제자였던 엘리사에게 갑절의 영감과 겉옷을 남겨주고 불의 전차를 타고 사라졌다.

엘리사는 엘리야에 의해서 시작된 가나안의 우상들과의 전쟁을 성공적으로 이끌어 나갔으며 요아스왕이 그의 죽음 앞에서 "내 아버지여 내 아버지여 이스라엘의 병거와 마병이여 하매"(왕하 13:14)라고 울부짖을 정도로 큰 국가적 자산이 되었다. 이 두 사람의 삶에 관한 자세한 이야기는 열왕기상과 열왕기하에 기록되어있다. 또한 예수님도 그들을 복음서에서 언급하셨다.

그리스도 이후의 선지자들

어떤 이들은 선지자의 역할이 예수님이 사역을 마치시고 교회시대가 시작되었을 때 끝이 났다고 주장한다. 그러나 역사적인 기록들이 그리스도의 지상사역 이후에 신약성서에 언급되어 있는 아가보, 바나바, 유다, 실라, 요한 그리고 바울을 포함한 많은 선지자들의 삶에 대한 이야기를 하고 있다. 아가보는 그 당시에 있었던 큰 흉년에 대해서 예언한 것으로 유명하다. 또한 그는 사도행전에 기록된 대로 사도바울이 붙잡히게 될 것임을 예언했다. "여러 날 머물러 있더니 아가보라 하는 한 선지자가 유대로부터 내려와 우리에게 와서 바울의 띠를 가져다가 자기 수족을 잡아매고 말하기를 성령이 말씀하시되 예루살렘에서 유대인들이 이같이 이 띠 임자를 결박하여 이방인의 손에 넘겨주리라 하거늘" (행 21:10~12)

아가보는 그리스도의 선지자였으며, 바울에게 다가올 일들을 준비할 수 있도록 도움을 주었다. 신약성서의 정경에 포함 된 사도행전은 그리스도의 죽음이후로, 그를 따랐던 사도들과 하나님의 음성을 경험했던 다른 사람들의 예를 포함한 일들의 역사적인 기록이다.

초대교회에서 하나님의 능력의 초자연적인 표현이 성령의 은사로 알려지게 되었다. 예언은 영적인 지도자들이 새로운 운동에 의해서 표현되어졌을 뿐만 아니라, 믿는 사람 모두에게 주어졌고 모두에게 유익했던 은사로 알려지게 되었다.

약 2세기 중엽에 브루기아에서 새로운 선지자인 몬타누(Montanus)가 나타났다. 또한 그를 따르는 여선지자인 프리스카(Priscilla)와 막시밀라(Maximilla)가 나타났었다. 참으로 예언은 이 새로운 운동에 있어서 가장 눈에 띄는 특징이었다. 3세기에 우리는 그리스도로 인해서 순교자의 죽음을 당한 젊은 여선지자인 퍼피튜아(Perpetua)를 발견할 수 있다.

디다케(Didache)는 초대교회에서 1세기말 혹은 2세기 초에 사용한 훈련 교본이다. 우리는 디다케에서 선지자에 대한 여러 가지 참고 문구들을 발견 할 수 있다. 이것은 어떻게 그리스도인들이 그 시대에 선지자들의 사역을 존중했었는지에 대한 통찰력을 우리에게 제공해준다.

역사를 통해서 많은 선지자들이 존재했으며, 그리고 그 중 어떤 이들은 16세기에 살았던 노스트라다무스와 같이 세계적인 사건들에 대해서 흥미로운 예언을 했던 이들도 포함한다. 그는 그의 예언을 사행시의 형태로 선포했으며 그 예언들은 치밀한 조사, 검사, 그리고 해석을 요구한다. 많은 사람들이 노스트라다무스가 교황의 죽음, 세계대전들, 그리고 2001년에 있었던 세계무역센터의 공격까지도 예언했다고 믿고 있다. 그러나 사행시의 많은 부분들이 매우 애매하기 때문에 사람들이 그의 예언을 정확하게 해석한 것인지는 확실하지 않고, 그 예언들 자체로 그것이 진리였는지 분별하기가 불가능하다.

1917년 포르투갈 파티마 근처의 3명의 어린 목동들이 "성모 마리아의 출현"을 경험했다. 그들은 "예수의 어머니가 그리스도의 몸에 대한 3가지 비밀을 그들에게 알려주었다"라고 말했다. 이것이 "파티마 예언"이라고 알려지게 되었다.

로마 가톨릭교회는 성령 하나님께서 이러한 예언들의 영감을 그 목동들에게 주었다고 믿고 있다. 첫 번째 비밀은 그 어린이들에게 지옥의 비전이 보였다고 한다. 두 번째 비밀은 러시아의 흥왕과 역사에 있어서 러시아의 흥미로운 역할에 대한 상세한 것이 포함되어 있다고 한다. 세 번째 비밀이 이 중 가장 흥미로운 것인데 1981년에 있었던 교황 요한 바오로 2세의 암살 시도 이후에 이것에 대한 것이 밝혀졌다.

다음이 이것이 포함된 메시지의 중요한 부분이다. "흰옷을 입은 주교, 교황이 순교당한 많은 사람들의 주검 가운데에 있는 십자가를 향해서 나아가는데 그도 역시 총소리가 난 후에 바닥에 넘어졌고 보기에 죽은 것처럼 보였다."

많은 사람들이 이것이 하나님으로부터 온 경고의 예언이라고 믿고 있다.

그리스도의 선지자는 하나님과 하나님의 이름을 위해서 말하며, 그리스도의 가르침을 따라 사는 사람이다. 그들은 하나님의 가르침에 순응하는 메시지를 말할 뿐만 아니라 현재의 오해에도 불구하고 창의적인 음악, 시, 혹은 특별한 행동을 포함하는 다양한 수단을 통해서 하나님께서 주신 느낌들 혹은 메시지의 다른 세부사항들을 전달한다. 선지자는 절대로 예수님의 가르침을 반박하지 말아야 하며,비록 그들의 예언들이 전통적인 종교의 견해들에 도전 하는 것이라 할지라도 인류를 향한 하나님의 계획을 정확하게 나타내야만 한다.

오늘 날도 선지자들이 필요하다는 의견에 의심의 여지가 없다. 어떤 위기의 순간에 선지자는 그 반대의 상황을 본다. 그리고 다른 사람들로 하여금 그것을 보게 하고 이것의 성취를 위해서 그와 함께 동의 하도록 한다. 그는 오늘 있는 위기 그 너머를 보며 미래의 영감으로 부터 소망의 말씀을 드러낸다. 고통 가운데 그는 기쁨을 느낀다. 가난 가운데 그는 풍성함으로 인해 감사한다. 선지자의 삶과 메시지는 현재의 제한적 요소들에 대한 반론이며, 사람들로 하여금 피할 수 없고 초자연적인 하나님의 중재를 신뢰하도록 영감을 불어넣는다.

가톨릭 교회와 선지자들–예언의 세 가지 유형

1907년 3월, 가톨릭 교회는 처음으로 가톨릭 사전을 집대성 했는데 그것은 가톨릭의 관심사, 행동, 그리고 교리들에 대한 권위 있는 정보를 전체적으로 모아 분류해

놓은 것이다. 이 사전은 로마 가톨릭 교회가 성취한 모든 것들과 예술가, 교육자, 시인 그리고 과학자들을 포함한 거의 모든 지적, 전문적으로 추구했던 것을 공문서화 함으로서 교회를 섬기기 위한 목적으로 제작되었다. 각각의 주제는 주의 깊게 연구되었고 조사되었다.

선지자들과 예언에 관한 가톨릭 교회의 공식적인 입장은, 그들이 주의 깊게 성경과 다른 역사적인 문서들을 연구하며 수 세기에 걸쳐 존재하던 오해들을 정리하여 지혜롭게 설명하고 있다.

아래는 토마스 아퀴나스의 신학대전에 나오는 예언에 관한 세 가지 설명들이다. 가톨릭 사전에 1913년경 기록된 것으로 나타나있다.

『신비신학의 저자들은 예언을 드러난 주제들과 그 지식이 인간의 마음에 전달해주는 마음의 조명에 관한 것을 이야기한 것이라고 생각한다. 마음의 조명이라는 근거로 예언은 완전하거나 혹은 그렇지 않을 수도 있다. 이것이 완전하다고 할 때 어떠한 것들이 드러났을 뿐만 아니라 그 계시 자체로 예언자가 이것이 하나님께서 말씀하신 것이라는 것을 알 수 있다. 예언이 정확하지 않은 경우는 그 메시지를 받는 사람이 그 계시가 어디로부터 온 것인지를 분명하게 알지 못하거나, 혹은 이것이 예언적인 것인지 아니면 개인적인 영이 이야기를 하는 것인지에 대한 충분한 증거를 가지고 있지 못한 경우이다. 이것을 '예언적 본능' 이라고 하는데 이것은 마치 나단 선지자가 다윗 왕에게 그가 하나님의 전을 건축하려는 생각을 가지고 있을 때, "나단이 왕께 아뢰되 여호와께서 왕과 함께 계시니 마음에 있는 모든 것을 행하소서 하니라"(삼하 7:3)라고 한 경우이다. 그러나 바로 그날 밤 하나님이 선지자에게 왕에게로 돌아가서 성전을 건축하는 영광은 다윗왕이 아닌 그의 아들이 누릴 것임을 전하라고 명령하셨다. 베네딕트 14세가 인용하였고 성 그레고리가 설명한 어떤 거룩한 선지자들은 자주 예언을 선포하는 것을 통해서 어떤 것들을 예측하기도 하는데, 그들이 예언의 영에 의해서 영향을 받았다고 믿는다.』

이 문제를 고찰함에 있어서 성 토마스에 따르면 세 가지 다른 예언이 존재한다: 종결을 통보하는 (denunciation) 예언, 예지(foreknowledge)의 예언, 그리고 예정(predestination)의 예언.

1. 종결을 통보하는 예언

- 첫 번째로, 하나님은 부차적인 요인들의 순서대로 미래의 일들을 계시하시기도 하신다. 이것은 초자연적인 기적을 필요로 하는 원인들에 의해서 영향을 받을수 있기에, 종국적으로 일어날 수도 있고 그렇지 않을 수도 있다. 하지만 선지자는 그것이 일어날 것이라는 확신을 가지고 미래의 사건들을 선포한다. 예를 들면, 이사야가 히스기야 왕에게 선포한 "여호와께서 이같이 말씀하시기를 너는 네 집에 유언하라 네가 죽고 살지 못하리라 하셨나이다"(사 38:1), 이런 종류는 약속의 예언에 속해 있는 데, 사무엘상 2:30의 "내가 전에 네 집과 네 조상의 집이 내 앞에 영원히 행하리라 하였으나," 라고 한 이 예언은 성취되지 않았다. 이것은 엘리 제사장에게 주셨던 조건적인 약속이었는데, 이것의 성취는 다른 원인들에 의해서 결정되어지는 것이었다.

2. 예지의 예언

- 두 번째로 예지의 예언은 하나님이 미래의 일들을 계시하실때 나타난다. 그것은 하나님께서 영원으로부터 현재를 바라보고 계시는 관점과 창조되어진 자유의지에 의존하는 사건들이다. 이러한 예언은 삶과 죽음, 전쟁과 왕조들, 교회와 국가의 일들 그리고 개인의 삶에 대해서 말씀한다.

3. 예정의 예언

- 세 번째로 예정의 예언은 하나님 혼자만이 하실 수 있는 일이며, 영원으로부터의 선물이며 또한 하나님의 완전한 뜻을 계시하실 때 일어난다. 이것은 은혜와 영광의 예정에 관한 비밀들을 포함할 뿐만 아니라, 하나님의 완전하신 뜻과 능력으로 성취하기 원하시는 것과 반드시 성취되어질 것을 포함한다.

예언의 목적 또한 인간의 지식에 입각하여 다음과 같이 생각해 볼 수 있다.

- 예언이 선지자의 자연적인 지식으로 알 수 없는 사건들인 경우에, 인간의 이성적인 영역 안에서 그리고 그 사건들을 경험한 사람들에게 알려져 판단된다. 성 파이우스 5세에게 계시되었던 레판토 해전의 결과를 그 예로 들 수 있다.[6]

- 예언의 주제가 모든 사람의 지식을 뛰어넘는 것일 때, 이것은 알 수 없는 것이기 때문이 아니라, 자연적인 인간의 사고로는 받을 수 없는 지식이기 때문이다. 삼위일체의 신비 혹은 예정의 신비로움등을 그 예로 들 수 있다.

- 예언이 인간의 능력으로는 알 수 없는 것들일 때, 이것은 그것 자체로는 알 수 없는 것들인데 왜냐하면, 그것들에 관한 진리는 자유의지에 결정되어지는 미래가 아직 결정되어지지 않았기 때문이다. 이러한 영역이 가장 완벽한 예

언의 목적이 된다고 생각한다. 그 이유는 가장 일반적이며 알려지지 않은 것이며 모든 사건들을 포함시키기 때문이다.

하나님은 자신이 기뻐하는 방법을 사용하셔서 인간에게 깨달음을 주실 수 있다. 하나님은 자주 예언적인 소통에 있어서 천사들을 사용하시거나, 하나님께서 직접 선지자에게 말씀하셔서 그의 마음을 일깨워 주신다. 초자연적인 예언의 빛이 지성 혹은 감각, 상상을 통해서 전달 되어질 수 있다. 예언은 심지어 황홀경에 빠져 감각이 중지된 상태에서도 일어날 수도 있다. 그러나 이것은 황홀경(rapture)이라고 불리는 신비신학의 용어이다. 성 토마스는 선지자에게 감각의 인상을 통해서 어떤 것이 전달 되어질 때 감각의 활동이 중지 되지 않으며, 마음이 즉각적으로 깨달음을 얻었을 때, 감각의 활동이 중지될 필요가 없다고 가르치고 있다. 그러나 그 계시가 상상력이 만들어 낸 것이라면, 적어도 그 비전을 보는 순간 혹은 계시를 듣는 순간에는 감각이 정지되는 것이 필요하다고 가르친다. 그 이유는 사람이 그 상상하는 것에 의해서 계시되어지는 대상에 존재하는 외부적인 영향을 전체적으로 고정시키기 위해, 자신의 생각을 정지시키기 때문이다. 이러한 경우에 영의 움직임이 일어나는 예언적인 비전이 생성된다는 것에, 온전한 판단을 할 수 없는 데 그 이유는 그것들에 대해서 온전하게 이해하는 데 필요한 감각들이 활동 할 수 없기 때문이다. 그리고 황홀경으로부터 온전하게 깨어나 그가 본 비전의 본질을 분별하고 바르게 알 수 있는 때에만 가능하다.[7]

거짓 선지자들, 광신자들, 그리고 다른 사기꾼들

현대 세계에서 당신은 하나님의 음성을 듣는다고 주장했지만, 그것이 거짓임이 드러난 광인의 이야기들에 대한 역사적인 문서, 그리고 뉴스를 찾아 멀리 갈 필요가 없다. 그들은 의도적으로 속이고 때때로 하나님의 이름으로 사람들을 살해하기도 한다. 어떤 사람들은 하나님께서 그들에게 말씀하셨다고, 어떤 이들은 자신들이 하나님의 선지자라 주장하고, 그리고 또 어떤 사람들은 자신이 그리스도라고 주장하기도 한다. 이러한 거짓 선지자들의 역사 또한 몇 가지의 역사적인 예를 통해서 구별할 수 있다.

바예수라 불렸던 마술사는 바울과 바나바가 하나님께서 주신 말씀을 총독에게 전하려고 했을 때 방해한다. 비록 바예수가 돌에 맞지는 않았지만 사도행전에 거짓 선지자로 기록되어있다. 그의 임무는 선지자 모세가 경고했던 하나님으로부터 사람들을 멀어지게 하는 것과 같은 것이었다. 바예수는 바울의 말에 의해서 일정기간 동안 장님이 되었다.

온 섬 가운데로 지나서 바보에 이르러 바예수라 하는 유대인 거짓 선지자인 마술사를 만나니 그가 총독 서기오 바울과 함께 있으니 서기오 바울은 지혜 있는 사람이라 바나바와 사울을 불러 하나님의 말씀을 듣고자 하더라 이 마술사 엘루마는 (이 이름을 번역하면 마술사라) 그들을 대적하여 총독으로 믿지 못하게 힘쓰니 바울이라고 하는 사울이 성령이 충만하여 그를 주목하고 이르되 모든 거짓과 악행이 가득한 자요 마귀의 자식이요 모든 의의 원수여 주의 바른 길을 굽게 하기를 그치지 아니하겠느냐 보라 이제 주의 손이 네 위에 있으니 네가 맹인이 되어 얼마 동안 해를 보지 못하리라 하니 즉시 안개와 어둠이 그를 덮어 인도할 사람을 두루 구하는지라 이에 총독이 그렇게 된 것을 보고 믿으며 주의 가르치심을 놀랍게 여기니라 (행 13:6~12)

가톨릭 사전에 기록된 사기꾼의 정의는 아래와 같다.

『뚜르의 성 그레고리(St. Gregory of Tours)는 6세기 말경, 자신을 그리스도라고 선포하며 자신을 마리아라고 주장하는 여인과 함께 알레스 근방을 여행하던 반미치광이에 대한 이야기를 하고 있다. 그는 자신이 치유의 기적을 행한다고 선포했으며, 많은 사람들이 그들을 믿었고 이에 상응하는 돈을 지불했다. 마지막에 그는 아우렐리우스가 파견한 사람들을 대항하여 폭력을 행사하다 죽게 될 때까지 약 3000명의 사람들이 그를 따랐다. 마리아라고 불리던 여자는 그가 행했던 모든 속임수를 고문을 받고 실토했다. 그러나 많은 사람들이 여전히 그녀를 믿었다. 그리고 그 당시에 광적인 여선지자들과 동행하는 많은 사람들이 지금의 독일 지역에 많이 출현했었다.

중세시대를 통해서 우리는 이와 같은 많은 반미치광이들에 대한 예들을 볼 수 있으며, 그들이 주장하는 것들에 대해서 그들의 광기의 정도를 가늠할 만한 뚜렷한 정보가 충분하지 않다. 이런 경우는 특별히 국가적 재난이나 혹은 종교적인 흥분의 시대에 급증하게 되었다. 1000년경 심판의 날이 가까이 왔다는 기대로 인해서, 라울 글라베르(Raoul Glaber)는 특별히 그 당시에 큰 혼란을 일으키며 성직에 있던 두 명의 선동가들에 대해서 이야기 하고 있다. 그 중 한 사람의 이름은 샬론의 레오라두스(Leorardus at Chalons)이고 다른 사람은 라벤나의 윌가두스(Wilgardus at Ravenna)였다. 레오라두스는 놀라운 계시를 받은 것처럼 행동했고, 십일조 바치는 것을 금지하는 일종의 사회주의적인 말씀을 선포했다. 결국 그를 따르던 사람들이 떠나가자 그는 우물에 빠져 스스로 목숨을 끊는다. 윌가두스는 교회교리의 잘못된 것을 고치고 가르치라는 비전을 버질, 호레이스, 그리고 쥬브날에게 받았다고 믿었다. 그를 따르던 많은 추종자들이 있었으며, 얼마동안 교황의 권위에 의해서 정죄를 받기까지 분리된 종파를 형성하고 있었다.』[8]

물론, 역사를 통해서 신실하고 순진한 신자들을 삼키려 하는 사기꾼들에 대한 이야기를 더 많이 발견할 수 있다. 각각의 이야기를 통해서 우리가 기억해야 할 것은 그 속이는 자들은 하나님을 믿는 신앙에서 당신이 멀어지는 것을 바라고 있다는 것이다. 가짜와 진리를 분별하는 가장 좋은 방법은 그리스도께서 가르쳐 주신대로 행하는 것이다. "그들의 열매로 그들을 알지니…"(마 7:16), 혹은 바울이 말한 것처럼, "오직 성령의 열매는 사랑과 희락과 화평과 오래 참음과 자비와 양선과 충성과 온유와 절제…"(갈 5:22~23)를 통해서 분별할 수 있다.

하나님의 음성은 당신을 위한 것이다

당신이 지금까지 짧은 역사적인 견해를 통해서 볼 수 있었던 것처럼, 선지자들은 오래 전 부터 존재해왔다. 비록 오늘날의 사역이 몇 천 년전에 했던 사역과 같은 목적을 가지고 있지는 않지만, 선지자들은 지금도 여전히 건재하며 당신에게 영감을 불어넣고, 하나님께서 당신에게 말씀하실 때 그것을 알 수 있도록 준비시킨다. 하나님은 당신에게 말씀하기를 원하신다. 즉 누구의 음성도 듣기 원치 않는 괴짜로 당신을 만들려고 하시는 것이 아니라, 당신이 세상에 축복의 통로가 되기를 원하신다.

조금 오래된 지도를 살펴보면, 당신은 빈 공간에 바다뱀의 상징과 또한 다른 신화적인 생물들이, 아직 알려지지 않았거나 혹은 탐험되어지지 않아 위험이 존재하는 지역을 나타내기 위해서 그려져 있는 것을 발견 할 수 있을 것이다. 세계에서 두 번째로 오래된 것으로 알려져 있는 지구본인 레녹스 지구본(Lenox Globe)을 살펴보면 당신은 "Here be Dragons"(이곳에 용들이 있다)라고 새겨져 있는 것을 볼 수 있을 것이다. 이것의 의미는 일상적이고 친숙한 영역의 밖으로 나가는 것에 대한 두려움을 불러 일으키고, 그리고 세계를 탐험하고자 하는 열정이 있는 모험적인 사람들이 단순히 위험을 무릅쓰고 역사를 만들었던 사람들의 이야기를 하거나 꿈꾸는 것을 멈추게 하려는 것이었다.

알려지지 않은 것에 대한 두려움은 사람들을 불구로 만들 수 있다. 그리고 이러한 두려움은 회의적인 사람들이 가지고 있는 제한된 이해 가운데 우리를 묶어두는데 사용되며, 그들이 설명 할수 있는 것보다 더 위대한 발견으로 인하여 깨어지기 쉬운 그들만의 세계를 방해하고자 시도한다.

그러나 창조주의 음성은 없어지게 하거나 억누르거나 혹은 회의론자들의 수다 가운데 사라지게 할 수 없다. 당신만이 하나님의 음성을 듣기 위한 탐험과 그 만남의 여정의 결과를 결정할 수 있다.

※ 각 주

1. Ronald Reagan, 두 번째 취임식 연설, http://www.reaganfoundation.org/reagan/speeches/speech.asp?spid=22.
2. "Prophecy," The Catholic Encyclopedia, http://www.newadvent.org/cathen/12473a.htm.
3. 윈스턴 처칠, James C. Humes의 The Wit & Wisdom of Winston Churchill(뉴욕, 뉴욕: Harper Perennial, 1995).

4. 플라톤, "변증론," sec. 21, http://www.brainyquote.com/quotes/s/socrates133130.html으로부터 인용함. 영어성경에는 "비전이 없는 곳에서는 사람들은 멸망한다"(Where there is no vision, the people perish) 라고 기록하고 있다.
5. 조지 뮬러, http://www.higherpraise.com/illustrations/anxiety.htm.에서 인용함.
6. 베네치아령의 섬 키프로스를 점령한 오스만 제국의 원정중 그리스도교 동맹군과 오스만 투르크 사이에 벌어진 해전(1571. 10. 7). 1570년 베네치아를 동부 지중해로부터 몰아내기 위해 술탄 셀림 2세의 군대가 키프로스에 침입하자 베네치아는 교황 파이우스 5세 및 스페인의 펠리페 2세와 동맹을 맺었다(1571. 5. 25). 펠리페는 그의 이복동생인 돈 후안을 보내 동맹군을 지휘하게 했다. 동맹군이 시칠리아의 메시나에 집결했을 때(1571. 8. 24) 투르크군은 이미 니코시아 함락시키고(1570. 9. 9) 파마구스타를 포위한 뒤 아드리아 해로 진입하고 있었다. 그들의 함대는 그리스의 레판토(그리스어로는 나브팍토스) 부근 파트레 만에 정박중이었다. 200척이 넘는 동맹군 함대는 9월 15일 코르푸 섬을 향해 출범해 10월 7일 4개 전대로 나뉘어 알리 파샤, 무하마드 사울라크(알렉산드리아 총독), 울루지 알리(알지에 태수)가 지휘하는 오스만 함대에 돌격했다. 약 4시간의 전투 끝에 동맹군이 승전해 117척의 갤리선과 수천 명의 포로를 붙잡았다. 실질적인 가치는 거의 없었지만(1573년 베네치아는 키프로스를 투르크에 양도했음) 이 전투는 유럽인의 사기에 큰 영향을 미쳤으며, 티치아노, 틴토레토, 베로네세가 그린 그림들의 주제가 되었다.-역자인용-
7. 성 토마스 아퀴나스, 가톨릭 대사전의 "예언" 부분에서 인용됨.
   http://www. newadvent.org/cathen/1247a.htm.
8. "Imposters," 가톨릭 사전, http://newadvent.org/cathen/07698b.htm.

5.

하나님의 음성을 듣는 법

들어보라! 당신은 무엇을 들을 수 있는가? 아무것도 듣지 못했다면 당신은 이제 하나님의 음성을 들을 준비가 된 것이다. 당신은 하나님의 동일한 형상에 따라 창조되었는데, 이러한 하나님과 같은 형상과 이미지가 당신의 피와 심장속, 뼈, DNA에 흐르고 있다. 당신은 아마도 항상 하나님과 같이 행동할 수 없을 지도 모른다. 물론 우리 대부분은 하나님처럼 생각하지 못하지만, 우리는 하나님의 음성을 들을 수 있는 능력을 가지고 있다. 하나님이 당신과 친밀한 관계를 가지고 교제하기 위해서 사람을 창조하신 후, 어떻게 하나님의 음성을 듣지 못하도록 하셨겠는가? 하나님은 지금도 당신에게 말씀하고 계신다. 그러나 우리가 하나님이 단순하게 말씀하시는 방법을 알아보지 못하기 때문에, 종종 이것을 무시해버린다. 이러한 예는 성경에 분명하게 나타나 있다. 태초에 하나님이 우리를 그 분의 모습과 형상으로 창조하셨다.

당신이 태어났을 때, 또한 이 세상에 나오기도 전에 하나님은 이미 당신의 심장에 보물을 숨겨두셨다. 이 보물은 당신만을 위해서 가장 적절한 시간에, 당신만이 할 수 있는 놀라운 일들을 위해서, 필요한 도구들과 함께 준비 될 그 시간을 위해서 숨겨진바 되었다.

어린시절부터 우리를 구별할 수 있는 특징들이 내면에 존재하는 데, 이것이 바로 특별한 숨겨진 보물을 가리키고 있다. 우리 안에 숨겨진 보화가 매일의 삶 가운데 어떻게 나타나는지를 잘 살펴보면 놀라지 않을수 없다. 내 자녀는 다른 사람들과 완전히 다르다. 나는 자녀들의 성장을 지켜보면서, 각각 한 자녀들마다 특별하게 표현되는 보화들을 볼 수 있었다. 그것은 내게 경이로움과 함께 숨겨진 보물에 대한 기쁨을 가져다 주었다.

우리가 겪는 문제들은 부모가 자녀에게 자신의 선택을 강제로 주입하려고 할 때, 오히려 더욱 복잡하게 만든다는 것이다. 부모들은 조상에 대한 충성심과 전통적으로 내려온 구습으로 인해 자녀안에 숨겨져 있는 보물을 발견하지 못한다. 이러한 생각의 근간은 바로 유전적으로 세습되어온 군주적(Hereditary monarchy) 사고체계에서 비롯된다. 부모세대에서 조상들의 유업을 자녀들에게 전달해 주어야 한다고 믿기 때문에, 세습되는 규칙을 자녀에게 계승시키도록 규칙을 다시 세우는 것이다.

불행하게도, 오늘 날 종교적인 시스템도 이와 같이 작용한다. 교회에는 그들의 소명과 상관도 없고, 진리를 보는 것과는 거리가 먼 규칙들을 기준으로 각각 분리되어진 무리의 사람들로 가득차 있다. 안타깝게도 이러한 그룹의 사람들은 그들이 하나님의 유산들이라고 결정한 것들을 전통적으로 고수하는데, 모든 것을 집중하고 있기 때문에 성장하지 못하고 있다.

예수님은 그 당시의 종교 지도자들이 그들만의 세습되는 규칙들을 예수님께 따르라고 강요하려고 했을 때 화를 내셨다. 인간이 만든 인위적인 형식에 예수님을 따르게 할수는 없었다. 종교 지도자들은 예수님의 사명과 소명으로부터 벗어나게 하는 상관없는 주제들로 예수님께 도전했다.

그 때에 예수께서 안식일에 밀밭 사이로 가실 새 제자들이 시장하여 이삭을 잘라 먹으니 바리새인들이 보고 예수께 말하되 보시오 당신의 제자들이 안식일에 하지 못할 일을 하나이다 예수께서 이르시되 다윗이 자기와 그 함께 한 자들이 시장할 때에 한 일을 읽지 못하였느냐 그가 하나님의 전에 들어가서 제사장 외에는 자기나 그 함께 한 자들이 먹어서는 안 되는 진설병을 먹지 아니하였느냐 또 안식일에 제사장들이 성전 안에서 안식을 범하여도 죄가 없음을 너희가 율법에서 읽지 못하였느냐 내가 너희에게 이르노니 성전보다 더 큰 이가 여기 있느니라 나는 자비를 원하고 제사를 원하지 아니하노라 하신 뜻을 너희가 알았더라면 무죄한 자를 정죄하지 아니하였으리라 인자는 안식일의 주인이니라 하시니라 (마 12:1~8)

그리스도의 정체성과 소명의 완수

예수님은 바리새인들의 불필요하고 허세가 담긴 주장을 권위 있는 말씀으로 도전하셨을 뿐만 아니라, 예수가 누구이며 바로 예수가 그들의 주장도 다스리실 수 있는 주인이라는 것을 바리새인들이 알도록 권고하셨다. 잠시 바리새인들이 안식일날 예수님께 도전하고 있었던 것을 별개로 두고 더 커다란 그림에서 보면, 그들의 비난과 고소는 예수님의 소명을 완수하는 것을 방해하고자 했던 것임을 알수 있다. 이렇게 편협한 사고를 가진 작은 바리새인들이 하나님의 아들로서 그리스도 안에서 형성되었던 진정한 정체성과 소명으로부터, 예수님이 멀어지도록 주의를 혼란시키고자 시도 했을 때, 예수님은 즉시로 "인자는 안식일의 주인이니라"라고 대답하셨다.

나는 이 대답을 좋아하는데 그 이유는 예수께서 "내가 바로 안식일의 주인이다"라고 말씀하시지 않으시고 태어나기 전부터 정해져 있던 잘 알려진 자신의 이름을 사용하셨기 때문이다. 예수님은 자신이 누구이신지 알고 계셨고, 이러한 정체성이 당시 종교 시스템을 대표하는 바리새인들에게 도전이 되었다. 왜냐하면 그들은 예수님을 바리새인의 종교체계와 문화 속으로 들어와 순응하게 할수 없었고, 그들이 풀어주기 거절하던 통제력을 잃어버리고 있었기 때문이다. 이제 바리새인들은 그들이 믿고 있던 안전지대에서 나와 생각을 전환해야만 하거나, 아니면 예수를 없애버려야만 하는 상황에 직면하게 되었다.

다음단계로 그리스도는 그 분의 말씀을 대중에게 선포하는 실제적인 단계를 취하셔야 했다. 만일 예수님이 그 분의 주장들을 증명하는데 성공한다면, 거절되고 무시되어 영적으로 불구가 되어버린 세대에게 생명을 주는 새로운 규칙들이 출현하게 될 것이다. 공격적이 되어버린 종교가 하나님의 음성을 듣고 그것을 믿은 한 사람에 의해서 회복되어 지고 있었다. 하나님의 음성을 처음으로 들은 예수의 이야기는 요한이 그에게 세례(침례)를 베풀었을 때였다.

하늘로부터 소리가 나기를 너는 내 사랑하는 아들이라 내가 너를 기뻐하노라 하시니라 (막 1:11)

하나님이 그리스도의 운명에 대해서 말씀하셨고, 이러한 소명을 완성하기 전에 예수님을 인정하셨다. 하나님은 예수님이 누구이신지 그 정체성에 근거해서 말씀하셨지, 예수님이 성취한 일이나 이루어야 할 임무에 근거해 말씀하지 않으셨다. 하나님은 당신이 성취한 일로 판단하지 않으신다. 하나님은 이미 당신에 대한 마음을 정하셨고, 처음부터 당신의 참된 정체성을 말씀하신다.

사탄은 그가 찾을 수 있는 장소는 모두 찾아 볼 것이다. 그러나 진리는 아버지의 음성이 들릴 때에만 당신에게 계시될 것이다. 예수님께서 사탄을 대면하셨을 때, 보호의 요새가 되는 아버지의 말씀을 가지고 나아가셨다. 예수님은 자신이 누구인지 증명할 필요가 없다고 사탄에게 말씀하셨는데, 왜냐하면 바로 하늘 아버지께서 예수님의 정체성에 대해 말씀하신것을 진리로 알고 믿었기 때문이었다.

예수님은 하나님의 관점이 개인의 성취된 일들이나 예수님이 생각하는 정체성과는 상관이 없다는 것을 알고 계셨다. 성공적인 임무의 수행은 당신에게 도움을 주고 용기를 줄수는 있지만, 당신이 누구인가에 대한 근본적인 정체성을 변화 시킬수는 없다. 당신이 삶속에서 본의 아니게 실수를 할수도 있다. 그러나 그것이 당신이 누구인가를 변화시킬수는 없다. 당신이 삶에 밑바닥으로 떨어질수도 있지만, 여전히 하나님이 보는 당신의 모습은 변하지 않는다. 이와같이 하나님이 당신이 어떤사람이며 누구라고 말씀하셨기 때문에, 자신의 정체성을 가지게 되는 것이고, 당신은 영원하게 그 분안에서 존재한다. 미국의 시인 윌리엄 스태포드(William Stafford)는 "나는 모든 부서진 것들로부터 낙하산을 만들어 보았다"라고 말했다. 기억하라. 당신이 누구인가에 관해 부정적인 정보들은 마귀가 위조한 문서로부터 온 것이다.

거기에서 떠나 그들의 회당에 들어가시니 한쪽 손 마른 사람이 있는지라 사람들이

예수를 고발하려 하여 물어 이르되 안식일에 병 고치는 것이 옳으니이까 예수께서 이르시되 너희 중에 어떤 사람이 양 한 마리가 있어 안식일에 구덩이에 빠졌으면 끌어내지 않겠느냐 사람이 양보다 얼마나 더 귀하냐 그러므로 안식일에 선을 행하는 것이 옳으니라 하시고 이에 그 사람에게 이르시되 손을 내밀라 하시니 그가 내밀매 다른 손과 같이 회복되어 성하더라 바리새인들이 나가서 어떻게 하여 예수를 죽일까 의논하거늘 (마 12:9~14)

바리새인들은 예수님께서 하나님이 미리 정하신 운명에 순종하시고, 몸소 선을 행하셨기 때문에 그 분을 죽이겠다고 모의하였다.

하나님의 음성에 의해서 만들어지다

어린 소녀가 죽었을 때 예수님께서 소녀의 집으로 찾아가셔서 기도해 주신 것이 이것에 대한 또 다른 예가 될 것이다. 예수님이 사용하신 단어들은 그 분의 환경이 아닌 영원한 세계의 DNA에 의해 인도되었다.

예수께서 그 관리의 집에 가사 피리 부는 자들과 떠드는 무리를 보시고 이르시되 물러가라 이 소녀가 죽은 것이 아니라 잔다 하시니 그들이 비웃더라 무리를 내보낸 후에 예수께서 들어가사 소녀의 손을 잡으시매 일어나는지라 (마 9:23~25)

사람들은 예수님의 미리 예정되어진 성향 때문에 예수를 조롱했다. 그래서 예수는 장애물을 제거하고 하나님의 인정하심 아래서 할 수 있는 일을 했다.

이 모든 것이 듣기에 좋을지는 모르지만, 만일 그 특별한 부르심 혹은 소명이 그 어린이 안에 있지 아니하며, 그리고 유전적 인자에 의해서 결정된 것이 아니라면, 그들은 맞춰질 수 없는 무엇인가에 의해서 만들어지게 된다.

하나님은 각 사람에게 맞는 틀을 창조하셨고, 우리가 성장하고 삶을 경험하면서 셰익스피어가 "나의 음성이 나의 검이다"라고 말했던 것처럼, 항상 소리를 내지는 않지만 하나님의 음성에 의해서 만들어진다. 우리가 경험하는 행동들과 사건들은 하나님의 마음으로부터 오는 가장 분명한 음성이다. 하나님은 당신에게 광고판, 영화 혹은 노래를 통해서도 말씀하신다. 하나님은 사람이 아니시며 발람에게 자신의 뜻을 전하기 위해서 나귀를 선택하실 수 있는 분이시다(민 22:21~34 참조).

하나님은 유대인의 선지자였던 엘리야에게 말씀하셨듯이 세미한 음성으로도 말씀하실 수 있다(왕상 19:11 참조). 위대한 지도자였던 모세는 하나님의 음성을 산위를 걷는 동안 불붙은 가시덤불을 통해서 발견했다(출 3:2~5 참조). 하나님은 모든 사람에게 다른 방법으로 말씀하신다. 아무도 당신이 하나님의 음성을 어떻게 들을 수 있는지 정확하게 말해 줄 수 없다. 당신이 직접 하나님의 음성을 발견할 때 그 아름다움을 즐기게 될것이다.

소리를 만지다

실재적으로 당신의 존재 전체로 하나님의 음성을 들을 수 있다. 다음의 글은 귀머거리였지만 타악기 연주자이며 음악가인 에블린 글레니(Evelyn Glennie)의 "Touch the Sound"에서 발췌한 것이다.

『음악은 들음에 관한 것이다. 당신의 귀가 들리지 않는다면 당신은 어떻게 이것 혹은 저것을 들을 수 있겠는가? 어떻게 이것을 듣는가? 내가 생각하기로 나는 이것을 나의 귀로 듣는다. 그러나 나는 또한 나의 머리, 나의 손, 광대뼈, 나의 배, 나의 발등을 통해서도 듣는다. 우리의 수업은 드럼 소리를 조율할 때부터 시작된다. 짧은 순간의 만짐을 통해서 그 소리를 점차적으로 맞추어간다. 당신의 손을 각각의 음에 열리게 하기 위해서, 아주 작은 부분에서 느껴지는 차이를 감지해야 한다. 떨림을 들으며 귀로 들을 수 있는 소리보다 훨씬 넓은 영역의 소리와 연결시킨다. 귀는 많은 것들에 의해서 좌우된다. 방, 드럼스틱의 종류, 악기의 질, 이 모든 것이 어떻게 우리가 듣는가에 영향을 미친다. 다른 무게, 다른 소리의 색깔…. 우리 각자는 다른 소리의 색깔을 가지고 있다. 우리 모두는 인간이며 각 사람은 다른 소리의 색깔을 가지고 있다.』

하나님이 아담과 이브에게 말씀하셨을 때 그들은 도망쳐 숨었다. 그러나 이렇게 되어서는 안 되는 것이었다. 그들의 신체적인 몸과 감정은 하나님의 소리에 반응하였다. 실제적으로 이스라엘 백성들은 그들이 산 위로부터 하나님의 음성을 들었을 때 약 25km 떨어진 곳에 머물고 있었다. 그들의 존재 전체가 그 소리로 인해서 영향을 받은 것이다. 그들은 왜 그렇게 두려워 한 것일까? 그것은 그들이 가지고 있는 하나님에 대한 관점이 죄에 의해서 뒤틀리고 손상되었기 때문이었다.

예수께서 한 장님을 만져주셨고 그가 사람들이 마치 나무와 같이 보인다고 하자, 그의 눈에 필요한 조정을 해주신 적이 있다. 예수께서는 장님에게 무엇이 보이느냐고 묻자 그는 '나는 사람들을 봅니다. 하지만 그 사람들이 걸어 다니는 나무처럼 보입니다' 라고 대답했다. 하나님은 당신이 보는 어떤 것이라도 취하실 것이며, 그것에 필요한 조정을 해주셔서 당신으로 하여금 세상이 점진적으로 주는 환상 대신, 예수께서 돌아가신 이유가 된 인간의 현실에 집중하게 하실 것이다. 사진작가의 기술은 부분적으로 어떤 평범한 것을 보고 그것을 보통 이상의 것으로 만드는 것이다.

당신이 보는 것이 당신이 듣는 것이다!

누군가 전에 말하기를 "당신이 악하기 때문에 나도 악하다"라고 했다. 이것은 우리의 마음 가운데 존재하는 악과 타락함 때문에, 우리는 우리의 눈에 가려져 있는 악의 덮개를 통해서 모든 것을 보게 된다는 의미이다. 영적인 정의를 가로막는 가장 큰 장애물은 종교적인 사고방식이다. 그리고 이 사고방식과 문화는 그 어떤 다른 힘보다 더 큰 고통의 원인이 되었다. 이것이 교회, 정치계, 가족, 결혼, 관계 그리고 가장 중요한 하나님에 대한 우리의 관점을 조종한다. 만일 당신이 가지고 있는 하나님에 대한 관점이 변질되었다면, 하나님의 목소리 또한 변질 되어있을 것이다. 당신이 보는 것이 당신이 듣는 것이다. 당신이 인지하는 것이 당신이 듣는 것이다.

만일 당신이 하나님을 당신을 학대하는 감독으로 보고 있다면, 그 분이 무슨 말씀을 하시든지 당신은 그 특정한 사고방식을 통해서 하나님을 받아들이게 될 것이다. 종교는 하나님을 잘못 대표한다. 이것은 유다의 사자를 길들여지게 하며, 하나님을 당신이 잘못했을 때 멸하기를 원하시는 못된 노인으로 나타나게 할 것이다.

나는 "안다"라는 단어를 좋아한다. 그리고 하나님의 관점으로부터 이것은 친밀함과 두 인간 사이에서의 상호작용(성관계)을 한 결과로 얻게되는 깊은 지식과 관련되어있다. 대부분의 사람들은 이것을 신체적인 것으로 보지만, 이것은 신체적인 것일 뿐 아니라 전체적인 것, 즉 영, 혼, 그리고 육을 모두 주고 받는 것이다. 이것의 문자적인 의미는 "섞이다 혹은 혼합되다"이다.

에녹은 육십오 세에 므두셀라를 낳았고 므두셀라를 낳은 후 삼백 년을 하나님과 동행하며 자녀들을 낳았으며 그는 삼백육십오 세를 살았더라 에녹이 하나님과 동행하더니 하나님이 그를 데려가시므로 세상에 있지 아니하였더라 (창 5:21~24)

하나님과 동행한다는 것의 의미는 두 사람이 동의하여 완전히 연합한다는 것을 의미하는 데 이것은 우리와 하나님의 친밀함을 표현한다. "데려가다"의 의미는 "섞이다(혼합하다)"라는 뜻이다. 에녹은 하나님과 동의하며 연합함으로 무척 가까웠으며 그와 하나님은 하나가 되었다. 에녹은 하나님과 동행했으며 더 이상 세상에 있지 아니하였는데, 왜냐하면 하나님과 그가 연합되었기 때문이었다.

또 어떤 사람이 타국에 갈 때 그 종들을 불러 자기 소유를 맡김과 같으니 각각 그 재능대로 한 사람에게는 금 다섯 달란트를, 한 사람에게는 두 달란트를, 한 사람에게는 한 달란트를 주고 떠났더니 다섯 달란트 받은 자는 바로 가서 그것으로 장사하여 또 다섯 달란트를 남기고 두 달란트 받은 자도 그같이 하여 또 두 달란트를 남겼으되 한 달란트 받은 자는 가서 땅을 파고 그 주인의 돈을 감추어 두었더니 오랜 후에 그 종들의 주인이 돌아와 그들과 결산할새 다섯 달란트 받았던 자는 다섯 달란트를 더 가지고 와서 이르되 주인이여 내게 다섯 달란트를 주셨는데 보소서 내가 또 다섯 달란트를 남겼나이다 그 주인이 이르되 잘하였도다 착하고 충성된 종아 네가 적은 일에 충성하였으매 내가 많은 것을 네게 맡기리니 네 주인의 즐거움에 참여할지어다 하고 두 달란트 받았던 자도 와서 이르되 주인이여 내게 두 달

란트를 주셨는데 보소서 내가 또 두 달란트를 남겼나이다 그 주인이 이르되 잘하였도다 착하고 충성된 종아 네가 적은 일에 충성하였으매 내가 많은 것을 네게 맡기리니 네 주인의 즐거움에 참여할지어다 하고 한 달란트 받았던 자는 와서 이르되 주인이여 당신은 굳은 사람이라 심지 않은 데서 거두고 헤치지 않은 데서 모으는 줄을 내가 알았으므로 두려워하여 나가서 당신의 달란트를 땅에 감추어 두었나이다 보소서 당신의 것을 가지셨나이다 그 주인이 대답하여 이르되 악하고 게으른 종아 나는 심지 않은 데서 거두고 헤치지 않은 데서 모으는 줄로 네가 알았느냐 그러면 네가 마땅히 내 돈을 취리하는 자들에게나 맡겼다가 내가 돌아와서 내 원금과 이자를 받게 하였을 것이니라 하고 그에게서 그 한 달란트를 빼앗아 열 달란트 가진 자에게 주라 무릇 있는 자는 받아 풍족하게 되고 없는 자는 그 있는 것까지 빼앗기리라 (마 25:14-29)

이 이야기에서, 두 사람에게 자신들이 받은 자산을 투자해 100%의 수익을 올릴 수 있는 기회가 주어졌고 그들은 성공했다. 또 한 사람은 한 달란트를 받았지만 그의 주인이 굳은 사람이라는 것을 알았기에 그가 가지고 있던 보물을 땅에 묻어버렸다. 이것이 그 사람이 주인을 인지하고 있던 방식이었고, 그 사람을 실패와 부족함으로 이끌었다. 이것은 주인의 잘못이 아니었다.

만일 당신의 하나님에 대한 지식 혹은 이해가 뒤틀린 것이라면, 당신은 하나님의 음성을 들을 수 없다. 결혼은 그 관계가 육체적인 것에만 근거했을 때 실패하는데, 그들이 함께 동행하면서 서로에게 영적으로, 문화적으로 맞지 않다는 것을 발견한다. 그리고 그들은 결국 육체적인 면의 관계가 서로를 하나로 만드는 것에 충분치 않게 되면 서로에게서 떨어져 걷게 된다.

그들은 더 이상 서로에게 귀 기울이지 않는다. 그리고 전에는 하나였던 것이 분리되어져 엉망이 되기도 한다. 사실은 결혼의 연합 안에서 가장 강력한 것을 말하자면 바로 출산이다. 이 단어의 뜻은 간단하게 "창조하여진 존재를 가지고 나오다; 자손을 출산하다"라는 의미이다.

새로운 생명들이 이 세상에 태어나게 된다. 그리고 결혼이 실패했을 때 그 자녀들은 상처를 받고 영적으로도 영향을 받게 된다. 그 이혼이 아무리 깨끗한 것이라 할지라도, 그들이 아버지와 어머니에 대해서 가지고 있는 관점이 손상을 입었기 때문에 하나님과 그들의 관계가 약해진다. 하나님에 대한 우리의 관점은 첫째로 가족에 대한 이해력과 관계성에 따라 영향을 받고, 두 번째로 종교를 통해서 잠재적으로 잘못 이해하고 있는 관점에 의해 영향을 받게 된다.

교회안의 사람들은 예수님과 우리의 관계가 내려가는 것이 아닌 올라가는 것이라는 사실에 대해서 현실감을 잃어버렸다. 그리스도의 죽음으로 우리 죄에 대한 값을 치르셨지만, 그의 부활은 우리 몸에 생명을 주셨다. 종교는 가학적으로 죽음을 신봉하고 있으며, 부활하신 주님을 동산으로부터 쫓아내어 다시 무덤으로 들어가게 한다. 종교적인 사람들은 기도하며 찬양하며 그리고 정신적으로 그리스도의 부활이 아닌 죽음에 근거하여 그들의 관계를 가지고 있으며 죽음과 이야기하며 동행한다. 많은 사람들이 여전히 예수를 십자가에 달려있는 것으로 언급한다. 하지만 그리스도의 가장 위대한 순간은 부활의 순간이었다. 그렇기에 종교는 쓸모없는 것이다.

어떻게 하나님이 당신에게 말씀하시는가?

당신은 오래된 선물(은사)의 독특한 복제품이다. 당신은 오래된 문서(성경)의 독특한 복제품이다. 이 독특한 복제품은 이전에도 있었다. 전도서 1장 9절은 "이미 있던 것이 후에 다시 있겠고 이미 한 일을 후에 다시 할지라 해 아래에는 새 것이 없나니"라고 말하고 있다. 그러므로 새로운 것은 아무것도 없지만 새롭게 만들기 위해서 독특하게 복사된 무엇인가가 존재한다. 당신은 현재 당신의 세대와는 아무 관련이 없는 과거로부터 온 무엇, 독특한 형식과 표현을 가지고 있다. 하나님은 오직 분만실에서 진리를 탄생시키신다. 그곳은 고통이 있으며 출산의 노력과 피 흘림이 가득한 곳이기도 하다. 그리고 또한 거기에는 생명의 달콤한 소리도 있게 될 것이다. 당신은 아기의 울음을 들을 것이며, 이 시간과 세대와 관련된 진리를 듣게 될 것이다.

당신은 전 세대를 통해서, 이 땅을 걸었던 위대한 사람들이 가지고 있었던 선물의 독특한 복제품이다. 다니엘, 다윗, 이사야, 그리고 많은 사람들이 선물을 가지고 있었다. 그들이 죽었을 때 그들의 선물은 함께 죽지 않고, 우리 각 사람에 의해서 다시 살아나 사용되어지고 있다. 당신은 위대한 선물 중 하나의 독특한 복제품이다. 당신은 성경의 독특한 복제품이다. 대부분의 사람들이 자신들을 복제품이라고 생각하길 원하지 않는다. 그러나 '독특한' 이라는 단어가 그들의 기분을 새롭게 만들어 줄 것이다. '독특하다' 는 의미는 당신 자신이 한 계층 혹은 한 부류의 사람들 가운데 고려(인정)되어질 만한 가치가 있다는 뜻이다. 당신의 독특한 표현은 무엇인가?

엘리사가 이르되 내가 섬기는 만군의 여호와께서 살아 계심을 두고 맹세하노니 내가 만일 유다의 왕 여호사밧의 얼굴을 봄이 아니면 그 앞에서 당신을 향하지도 아니하고 보지도 아니하였으리이다 이제 내게로 거문고 탈자를 불러오소서 하니라

거문고 타는 자가 거문고를 탈 때에 여호와의 손이 엘리사 위에 있더니 그가 이르되 여호와의 말씀이 이 골짜기에 개천을 많이 파라 하셨나이다 (왕하 3: 14~16)

엘리사는 사람들이 거문고 타는 자를 데려 올 때까지 아무것도 듣지 못했다. 그가 사람들에게 거문고 타는 사람을 불러오라고 한 이유는 아무것도 듣지 못했기 때문이었다. 대부분의 메시아적 노래들과 예언적인 시편은 음악을 통해서 주어졌다. 나는 나의 온전한 표현에 이르기 위해서 음악을 필요로 한다. 이것이 나에게 영감을 가져다준다. 그래서 내 뒤에 모든 밴드들이 준비되어 있고, 그 음악을 통해서 하나님의 음성을 들을 수 있도록 나에게 영감을 제공한다. 이것이 내가 가지고 있는 독특한 표현방법이다.

우리 각자는 독특한 표현방법을 가지고 있다. 그러므로 하나님이 우리가 태어나기 전부터 우리 안에 독특한 특징을 심어 놓으셨고, 그것에 따라서 우리에게 말씀하신다. 어떤 사람은 위험을 감수하려 하지 않고 무척 조심한다. 다른 사람은 새로운 것들과 모험을 좋아한다. 또 다른 사람은 좀 더 사교적이고 사람들과 함께 하는 것을 원하지만 어떤 사람은 혼자 있는 것을 좋아한다. 하나님은 다양하며 흥미진진한 방법으로 우리를 창조하셨다. 다른 각각의 성품들은 서로를 보안해 준다.

특별히 독특한 표현방법은 결혼생활 혹은 어떤 종류이든지 협력하는 것에 있어서 진리가 된다. 각각의 개성은 장점과 약점을 가지고 있다. 하나님은 우리의 유형에 따라서 말씀하신다. 그 분은 문화, 성품, 역사, 그리고 가족들을 인정하시고 고려하신다. 예를 들면,나는 가장 효과적으로 의사소통을 하기 위해서 내 다섯 자녀에게 이야기 할 때, 각각 그들의 성품을 고려한다. 나의 작은딸에게 보통은 처벌의 경고를 함으로서 무엇인가를 하게 만든다. 하지만 막내아들에게는 그의 행동을 단정히 하기 위해서 한 번 경고하는 것만으로도 충분하다.

이것이 훈육의 한 예이지만 그들을 돌볼때에도 동일하게 적용된다. 제인과 나는 독특한 다섯 명의 자녀에게 이야기 하는 데 있어서, 우리의 목소리의 높이를 조정하고 각각에게 이야기 한다. 우리가 그렇게 하는 이유는 우리의 자녀를 사랑하기 때문이다. 그리고 사랑은 그들의 모습 그대로 이해해 주는 것이다. 하나님은 우리 한 사람 한 사람에게도 그렇게 하신다. 하나님이 우리를 독특한 성품과 개성 있는 존재로 만드셨고, 우리의 모습 그대로 하나님이 우리에게 주신 것에 따라서 말씀하신다.

어떻게 하나님이 당신의 독특한 형질과 개성으로, 당신을 통해서 말씀하실 그분의 표현을 디자인 하셨는지를 생각하는 것은 흥미로운 일이다. 하나님이 당신에게 그리고 당신을 통해서 말씀하실 때, 그 분께서 주신 독특한 개성을 잃어버리지 않는다. 하지만 하나님은 자신의 완전한 사랑의 표현으로서 이것을 자유롭게 하신다. 그러므로 우리는 하나님이 당신의 삶을 어떻게 디자인하시고, 당신과의 대화의 본질에 어떤 영향을 주셨는지를 살펴보아야만 한다.

어떻게 하나님이 역사가운데 가장 중요한 네 명의 사람들-위대한 지도자 모세, 수백 수천 명의 그리스도인들을 죽인 사울, 열방의 아버지인 아브라함, 그리고 예수의 가장 가까웠던 친구들과 추종자들 중 하나였던 베드로-에게 말씀하셨는지 성경을 통해서 살펴보자.

모세를 생각해 보자. 그는 명백함과 확실한 것이 필요했다. 그는 불붙은 가시덤불을 보았고 귀로 들을 수 있는 음성을 들었다. 그가 들고 있던 지팡이는 뱀이 되었고 그 뱀이 다시 지팡이가 되었다. 그는 자신의 손이 문둥병이 발하였다가 기적적으로 다시 정상으로 돌아오는 것을 보았다. 이러한 모든 것을 본 후에, 그는 여전히 그가 말을 잘 하지 못한다는 불안감으로 인한 변명으로, 하나님이 그에게 주신 사명에서 벗어나려고 시도했다(출 3~4장 참조). 그럼에도 불구하고, 하나님은 그에게 필요한 말씀을 하셨다. 이것이 사랑이 하는 일이다. 사랑은 듣는 사람이 이해할 수 있는 언어로 말하는 것이다. 하나님은 모세와 같이 확실한 것이 필요한 어떤 사람들이 있다는 것을 이해하고 계신다. 그리고 개인의 다양한 특성에 따라서 당신에게 말씀하실 것이다.

매우 강한 성품의 소유자였던 사울은 하나님과 의사소통의 다른 표현방법을 경험했다. 사울은 자신을 말에서 떨어뜨리시고 눈을 멀게 하신 하나님과 얼굴을 대면하여 만날 때까지 그리스도인들을 박해하고 있었다. 사울이 연약한 자리로 떨어졌을 때, 예수께서는 애정 어린 대화를 그와 시작하셨다. 곧 바울이라고 불리게 될 사울은 이런 새로운 상황에서 오직 한 가지만을 진실로 알기 원하는 기질을 가지고 있었는데 그것은 누가 책임자인가였다. 그래서 그는 땅에 누워 "주여 누구시니이까?"(행 9:1~19 참조)라고 신중하게 질문을 던진다.

사울이 "나는 네가 박해하는 예수라"라는 소리를 들었을 때, 우리는 그가 가졌을 깊은 공포를 상상할 수 있다. 당신은 지금 사울 앞에 눈이 멀어 버릴 정도의 강한 빛으로 나타나, 지금까지 하나님의 일을 한다고 믿고 있던 사울에게 놀랄만한 초자연적인 방법으로 그것이 아니라고 말씀하셨을 때, 사울의 깨달음과 함께 몰려온 지독한 공포를 상상 할 수 있겠는가? 바울로 하여금 보고 듣게 하기 위해서는 그를 장님으로 만들어버리는 극단적인 행동이 필요했다.

하나님은 아브라함에게 많은 민족들의 아버지가 될 것이라고 말씀해 주셨고, 또한 하나님은 아브라함과 놀라운 언약적인 친분관계를 가지게 될 것이라고 말씀하셨다(창 17:1~8 참조). 하나님은 아브라함을 친구라고 부르셨다. 우리 중 대부분이 아브라함과 같은 연결점이 필요하다. 그리고 하나님은 그것을 이해하신다. 하나님은 아브라함에게 아버지의 역할을 부여해 주셨다. 아브라함은 그의 삶의 투쟁과 분쟁을 회피해 왔다. 이것이 우리가 수백만의 유대인들을 둘러싸고 있는 수천만의 아랍 사람들을 볼 수 있는 이유이다. 위대한 아버지라고 불리는 아브라함이 아들에 관해서 아내와 다투고 싶어 하지 않았다. 그래서 그는 다른 여인을 통해서 난 이스마엘의 아버지가 된다. 하나님은 아브라함이 이해 할 수 있었던 방법으로 자녀를 양육하듯이 말씀하셨다.

반면에, 베드로는 남자와 여자의 기질에서 발견할 수 있는 의사소통과 설득의 역량을 가지고 있었다. 한 순간에 베드로의 말은 그에게 하나님이 특별하게 인정하신 예수의 정체성에 대한 비밀을 들을 수 있는 능력을 가져오게 했고, 또 한편으로는 예수와 함께 하던 자라는 사실을 감추기 위해서 술 취한 선원처럼 그를 저주했다(마 26:74). 그러나 또 다른 경우에, 베드로의 목소리가 다른 사람들을 위한 대변자로서 일어나기도 했다. 제자들이 함께 모여 있던 경우에 기록된 대화의 약 70%가 베드로의 말을 포함한다. 이러한 종류의 기질은 그는 동료들의 인정을 받는 것이 중요했고, 그리고 하나님은 베드로에게 이와 같은 것이 필요하다는 것을 알고 계셨다. 아마도 이것이 왜 예수께서 개인적으로 베드로를 회복시키셨는지, 그리고 동료들이 있는 곳에서 그를 다시 복귀시키신 이유일 것이다(요 21:15~19 참조).

베드로는 잘못된 시간에 잘못된 것을 말하는 경향이 있는 사람들 중 한사람이었다. 그는 충동적이었다. 그는 생각하지 아니하고 행동했고 이것이 그 행동에 따라서 좋은 경우도 있었고 나쁜 경우도 있었다. 또한 베드로는 빠르게 움직이는 것을 경험했다. 대부분의 사람들이 이러한 경험을 했을 것이다. 충동적 기질은 받아들여지고 인정받고 그리고 사랑받고 싶은 것으로부터 생겨난다. 충동은 당신이 원하는 것을 지금 가질 수 있도록 당신을 몰아가고 당신이 지금 행동하게 만든다. 빠르게 움직이게 하는 것은 성령 하나님이 당신이 특별하게 필요한 것이 없음에도 불구하고 서두르게 하는 것, 혹은 당신 안에 영적인 충동을 주심으로 당신으로 하여금 무엇을 하게 하거나 말하게 하는 것이다. 이것이 당신의 정신적인 역량을 넘어서게 될 때, 당신의 필요가 무엇이었던지 간에 그것을 넘어서게 되고 당신은 단지 그것을 행하게 된다.

어느 날, 예수는 그의 제자들과 함께 계셨고 그들에게 "사람들이 나를 누구라고 하더냐?" 라는 질문을 제자들에게 던지셨다. 제자들은 이것에 대해서 잠시 생각했고 그들의 의견을 사람들이 어떻게 생각하고 있는지에 대한 것을 인용하며 표현하기 시작했다. "누군가가 말하기를" 이란 말을 충분하게 들으신 후 예수는 "너희는 나를 누구라 하느냐?"라고 질문하셨지만, 제자들은 자신들이 생각하고 있던 대답이 올바르지 않을 경우를 두려워하여 침묵한다. 그들은 대다수가 지지하는 의견의 상자 밖으로 나오는 것을 두려워하고 있었다.

갑자기 베드로에게 빠르게 움직임(quickening)이 임했고, 그는 틀릴 가능성에 대한 두려움을 무시한다. 그가 말하기를 "주는 그리스도시요 살아 계신 하나님의 아들이시니이다", 예수께서 즉시 베드로를 돌아보시고 베드로에게 임한 빠르게 움직이게 하는 영에게 응답하시기를 "바요나 시몬아 네가 복이 있도다 이를 네게 알게 한 이는 혈육이 아니요 하늘에 계신 내 아버지시니라", 그리고 베드로의 빠르고 즉각적인 대답으로 인해서 그를 축복하셨다(마 16:17 참조). 그러나 베드로는 십자가의 죽음에 대해서 말씀하시는 예수를 멈추려 했을 때, 충동적으로 행동하여 실제로 그가 원수로서 말하는 것으로 인해서 예수님께 질책을 받는다(마 16:23 참조).

하나님은 우리 인간의 성품을 창조하셨고, 이것을 기질의 일부분으로 주셨다. 우리가 본능적으로 사랑하는 것과 그로부터 나오는 것을 느낄 수 있다는 것을 보는 것이 얼마나 놀라운 일인가? 우리 각 사람 안에 하나님이 주신것 안에 악함이란 존재하지 않는다. 그러나 악이 우리에게 영향을 줄 수 있고 하나님이 선하게 만드신 것을 흠집 나게 한다.

나는 개인적으로 조급한 성품을 가지고 있다. 이러한 성품은 누군가가 그들의 미래에 대한 것을 듣고자 원하여 내 앞에 서있을 때, 나는 틀릴 것이라는 생각 없이 그냥 말해 버릴 때 유익하게 사용된다. 반면에, 내 가정에서 조급할 때 아내는 극도로 실망하며 그녀가 하고 싶은 말을 끝마치기도 전에 그녀의 말을 멈추게 한다고 말한다. 물론, 나는 이러한 성품에서 좋은 것을 끌어내고자 한다. 그러나 많은 경우에 있어서 이러한 것이 사실이다. 당신이 당신의 성질을 이기지 못하고 화를 낸다. 이것이 인간의 본성이다. 그러나 만일 악이 당신에게 오는 것을 허락하고, 이것을 부정적인 방법으로 사용한다면 당신 자신 뿐만 아니라 다른 사람도 다치게 할 것이다.

자신에 대한 편견의 힘 무너뜨리기

우리의 미래를 향한 여정 가운데 직면하는 가장 큰 문제들 중 하나는 자신에 대한 편견이다. 간단하게 말해서 자기 편견은 하나님이 당신을 믿고 계시다는 사실을 당신이 믿지 않는 것이다. 다른 사람이 당신에 대해서 판단하고 있는 것 보다, 당신 스스로가 자신에 대한 가진 편견과 판단을 극복하는 것이 더 어렵다.

이것이 내가 말씀을 전할 때 직면해야 하는 가장 큰 문제이다. 사람들은 우리에게 말씀하시기 위해 충분한 시간을 투자하시는 하나님이라는 것을 믿지 않지만, 하나님은 우리를 위해 확신과 인정하시는 말씀을 주신다. 첫 번째로 내가 하는 것은 하나님이 당신의 모습 그대로를 사랑하고 계시다는 사실과 하나님이 당신을 아름답다고 생각하고 계신다는 것을 말해주는 것이다. 대부분의 사람들이 마치 나를 미친 사람처럼 쳐다본다. 평생 동안 실패와 좌절의 말들로서 매질 당해온 사람들에게 그러한 말씀을 믿게 하는 것은 거의 불가능하다.

그러나 나는 내 앞에 서있는 사람들의 외형대로 그들을 보지 않는다. 나는 하나님이 그들을 존귀하게 바라보시는 것처럼, 마치 앞으로 터져 나와야 하는 깊은 곳에 감추어진 보물을 보듯이 그대로 본다. 이것이 오늘날에 국한된 문제라고 생각하지 말라. 선지자 사무엘이 사울에게 그가 이스라엘을 다스리게 될 것과 이스라엘이 바라는 사람이 될 것에 대해서 이야기 했을 때, 사울은 "가장 작은 지파 베냐민 사람이 아니니이까"라고 대답한다(삼상 9:21). 사울이 가진 자기 편견이 그를 작은 사람이라는 생각을 믿게 하여, 자신이 왕으로 선택된 사람이라는 사실을 믿지 못했다. 이러한 내면의 불안감이 그의 평생을 따라다녔으며, 종국적으로 사울의 미래와 부르심을 성취하는 것에 방해요소가 되었다.

모세, 기드온, 그리고 심지어 다윗까지도 이러한 자기 편견과 싸워야 했다. 다윗은 자기 스스로에게 말해야 했고, 그의 영혼에게 왜 그가 절망해야 하는지를 질문하며 하나님이 그의 삶에 주신 말씀으로 스스로를 격려해야했다(시 42 참조). 당신의 미래와 운명을 방해 할수 있는 자기 편견의 태도를 절대로 허용하지 말라.

때때로 자기 편견은 하나님이 우리에게 말씀하시는 방법에 영향을 미친다. 빈번히 하나님은 꿈을 통해서 말씀하시는데, 그 이유는 우리의 수치와 불안감으로 인해서 하나님이 우리를 대면하여 말씀하시는 것을 허락하지 않기 때문이다. 대부분의 사람들은 의식이 있을 때, 그들의 필요와 고통에 집중한다. 그리고 그러한 것들이 사람들의 관점에 영향을 미치게 한다. 그래서 하나님은 자기 편견의 관점에서 필요해 하는 것들을, 의식하고 있지 않을 때 꿈을 통해서 말씀하시는 것이다.

하나님의 신성한 속삭임을 듣는 것

하나님은 우리가 그 분과 교제하면서 연합하는 가운데 성장하도록 도우시는데, 많은 경우에 떠돌아다니는 즉각적인 생각들 혹은 백일몽이라고 생각하는 것들이 하나님께로부터 온 실제적인 이미지라는 사실에 대해서 이해하기 원하신다. 이러한 하나님과 거룩한 속삭임을 이해할 수 있는 능력은 기도를 통해서 점차 계발된다. 당신의 마음이 떠돌아다니는 것처럼 보이지만 이것이 실제로는 벌과 같이 수분을 주는, 우리의 마음만으로는 접근하기가 너무 어려운 문제들에 대해서 만짐을 받고 있는 것이다.

내가 은사를 사용하여 사역을 할때, 나는 자주 얼굴들 혹은 그림들, 만화들을 보는 데 이것들은 이름, 장소, 혹은 하나님이 나를 사용하셔서 말씀하기를 원하시는 사람의 환경에 대해서 매우 분명한 메시지를 전달해준다. 예를 들면, 내가 어떤 여성 앞에 서 있었는데 마음속으로 고양이 가필드를 보았다. 그래서 나는 단숨에 가필드라는 단어를 말했다. 그녀는 나에게 그녀가 지금 위해서 기도하고 있는 사람의 이름이 가필드라고 말해 주었다.

하나님은 많은 단어를 말하실 필요가 없으시기 때문에 간단하게 말씀하신다. 하나님이 말씀하셔야만 하는 것은 한 단어이다. 그리고 그것의 나머지 문장을 만드는 것은 우리에게 달려있다. 만약 그 문장이 정확하지 않다면 하나님이 그것을 지워버리실 것이고 당신은 처음부터 다시 시작하면 된다. 만일 하나님이 "번영"이라고 속삭이시면 당신은 이렇게 말할수 있는 선택이 있다. "당신은 탐심과 교만으로 망쳐버릴수 있습니다" 또는 "당신은 하나님을 기쁘시게 할 것이고, 사람들을 도울수 있는 능력을 덧입고 그들을 도와 하나님 나라를 확장시키는 일을 하시게 될것입니다"라고 택일하여 전할수 있다. 하나님이 당신에게 말씀하실 때 당신이 행동하면, 점진적인 계시의 능력이 그 말씀을 이어받게 된다.

하나님의 음성이 우리의 귀에 직접 속삭이는 것을 자주 들을 수 없겠지만, 이것은 가능하며 실제로 일어나는 일이다. 그러나 대부분의 경우 당신은 엘리야가 들었던 것처럼 세미한 음성을 통해 하나님을 듣게 될 것이다(왕상 19:11). 많은 사람들이 자신들이 듣는 음성이 하나님의 것인지 아니면 자신들의 생각인지에 대해서 궁금해하는데, 이것은 그 음성이 마치 자신의 음성과 같이 친밀한 소리로 들리기 때문이다.

청각적인 소리들은 단어들에 국한되지 않는다. 나는 때때로 말로 표현할 수 없는 것들을 보고 듣는다. 하지만 그것은 하나님이 나에게 교통하시는 것이다. 예를 들면, 내가 디트로이트에서 정말 도움이 필요한 한 남자 앞에 서 있었다. 내가 그 사람 앞에 서 있는 동안 나는 오른쪽 귀를 통해서 새가 우는 소리를 들었다. 그리고 즉시로 나는 "의사"라는 단어를 들었다. 그래서 나는 그 사람의 이름이 'Dr. Bird' 라는 것을 알게 되었다. 그리고 그 방에 있는 사람들 중 아무도 그의 정체를 알고 있지 못했기에 이것이 그에게 있어서 내가 하는 말이 신뢰할 수 있는 것이라고 믿게 만드는 특별한 싸인(sign)이 되었다.

근육건(Kinesthetic Sense)은 물리적인 감각을 통해서 하나님의 교통하심을 분별하는 현대 용어이다. 근육건은 하나님의 음성을 들을 수 있는 놀라운 방법이다. 이것은 움직임, 향기, 온도의 변화, 그리고 고통이나 다른 감각의 느낌을 포함한다. 때때로 나는 사람들이 정신적 충격을 받았던 과거기억으로 들어가면서 내 몸의 온도가 변하는 것을 경험한다. 이와 비슷한 경우로 천사들의 임재 가운데서 사람들에게 사역할 때 열을 느낄 때도 있다, 이와 같이, 나는 때때로 향기 혹은 악취와 같은 냄새를 감지하는 감각을 통해서 사람들에 대한 무엇인가를 말해 주기도 한다.

하나님이 우리에게 말씀하시는 창조적인 방법들은 누구도 책 한권으로 배울 수 없고, 간단히 정리 할 수도 없다. 많은 사람들이 하나님의 음성 듣기를 매우 갈망하는데, 그들은 여전히 하나님이 자신에게는 말씀하시지 않는다고 느낀다. 그것은 하나님이 우리가 셀수 없는 다양한 방법으로 말씀하시는데, 단지 우리가 그 다양한 방법들을 인지하지 못하기 때문이다. 하나님이 당신에게 말씀하실 때 그 분은 당신에게 친숙한 목소리로 말씀하실 것이다. 이것은 당신 안으로부터 나오게 될 것이다. 우리는 하나님의 음성을 듣고 느껴야 하며, 동시에 우리 내면을 잘 살펴보아야 한다. 내가 이렇게 말하는 이유는 하나님이 당신에게 말씀하실 때 당신은 단순히 목소리를 듣거나 혹은 이미지를 보거나 느낌을 세심하게 감지하지 않을수 있기 때문이다. 하나님이 말씀하실 때 당신은 동시에 듣고 보고 느끼며, 총제적으로 전부를 이해하게 된다.

하나님의 음성을 듣는 것은 내면으로부터 나온다

하나님은 우리에게 원하시는 방법대로 말씀하실 수 있지만, 대부분 우리 내면에 들리는 음성으로 들을수 있다. 하나님이 당신의 가장 깊은 비밀의 장소, 당신의 영혼으로부터 말씀하실 것을 기대하라.

아담과 이브가 동산을 거니시는 하나님의 소리를 들었을 때 그들은 스스로를 숨겼다. 그들이 숨으려고 했던 이유 중 하나는 하나님의 음성이 더 이상 분명한 소리가 아니었기 때문이다. 인간의 본성은 친숙하지 않은 것들로부터 멀어지려고 하는 것이다. 우리는 우리가 이해하지 못하는 것을 두려워하는 데, 그것은 아담과 이브가 불순종한 후에 하나님의 음성은 더 이상 음성이 아니라 단지 소리가 되어버렸기 때문이다(창 3:8 참조).

하나님의 음성은 전 인류 역사를 통해서 항상 말씀하셨다. 당신이 알다시피 이것은 창조의 순간부터 시작되었다. 하나님이 빛을 만드셨다(창 1:14 참조). 그 분의 음성은 항상 창조적이고 오늘도 여전히 말씀하고 계신다. 예언의 기본원리 중 하나는 하나님의 음성이 우리의 삶 가운데 무엇인가 새로운 것을 창조한다는 것이다. 하나님은 방향, 안내, 그리고 지식을 공급해 주신다. 하나님은 말씀과 생기로 우리를 창조하셨다. 하나님의 호흡은 우리를 지속적으로 살아가게 하는 생기였다. 우리를 위한 하나님의 계획은 아담과 이브에게 가지고 계셨던 “생육하고 번성하여 땅에 충만하라, 땅을 정복하라, 바다의 물고기와 하늘의 새와 땅에 움직이는 모든 생물을 다스리라”는 그 계획과 동일한 것이다. 하나님의 바람(wind)이 당신에게 임할 때, 이것은 당신을 향한 특별한 하나님의 음성을 전달하고 있다.

당신이 날마다 하나님의 음성을 듣게 되면, 당신의 지식, 지혜, 능력, 성령의 충만함이 증가될 것이다. 더욱 중요한 것은 하나님의 성품이 당신 안에서 형성될 것이다.

만일 인류가 아담과 이브가 처음부터 그랬었던 것처럼 지속적으로 하나님의 음성을 들었더라면, 우리는 모든 것을 다스리는 능력을 가진 창조적이고 인정적인 존재들이 되었을 것이다. 아담의 타락 이후에, 하나님의 음성은 더 이상 타락한 인간의 마음과 귀에 기쁨이 되지 않았다. 이것은 죄없는 본성과 공의로운 성품에서 악으로 변화되었기 때문에, 아담은 두려워하게 되었다.

“그러므로 믿음은 들음에서 나며 들음은 그리스도의 말씀으로 말미암았느니라”(롬 10:17). 사탄은 믿음의 능력을 이해한다. 이것이 우리로 하여금 하나님의 음성을 듣지 못하도록 하기 위해서, 혹은 우리가 그 음성을 들었을 때 우리로 하여금 하나님을 두려워하도록, 지속적으로 우리가 죄인이라는 사실로 공격하는 이유이다. 하나님은 친구로서 우리에게 말씀하시는데 이것은 우리를 판단하거나 조롱하지 않으시고 사랑과 보호하시기 위함이다.

당신의 영적인 눈을 크게 열라

하나님의 음성을 놓치지 마라. 때때로 당신은 하나님의 음성을 듣기도 전에 그분의 형상을 깨닫는다. 모세는 이전에 불붙은 가시덤불을 별다르게 알아채지 못한 채로 그 옆을 지나치곤 했을 것이다. 그러나 모세는 가시덤불을 다시 보았다. 마침내 이것이 하나님이었다는 것을 깨닫고, 하나님의 음성을 듣게 된다. 하나님의 형상을 인식하는 과정은 당신에게 어려운 도전이 될 수 도 있다. 왜냐하면 하나님이 선택하신 도구나 방법, 그리고 음성들이 당신이 바라는 방법이 아닐 수 있기 때문이다. 발람이란 사람이 나귀를 통해서 하나님의 음성을 듣게 될 것이라고는 꿈에도 생각하지 못했다. 하지만 발람은 나귀로부터 하나님의 음성을 깨닫고 듣게 된다. 하나님은 어떻게 하든지 어디서든지 하나님의 방법으로 우리에게 나타나실 것이며, 당신은 그것을 놓치지 말아야 할 필요가 있다.

우리가 영적인 눈을 크게 열고 다양하게 말씀하시는 하나님의 방법을 이해하는 것은 매우 중요하다. 왜냐하면 우리의 무지함으로 하나님의 음성을 놓칠수 있기 때문이다. 예수께서 제자들을 향해서 물위로 걸어가실 때 폭풍우가 제자들을 어려운 상황 가운데로 몰아넣고 있었기 때문에, 그들이 예수를 보았을 때 예수님이 유령이라고 여겨 두려워했다. 예수께서 바로 제자들 앞에 서 계셨음에도 불구하고 성경은 제자들이 예수를 알아보지 못했다고 기록하고 있다. 왜냐하면 예수는 제자들이 꿈에도 생각하지 못했던 폭풍우 한가운데 계셨기 때문이었다.

하나님의 음성을 듣는다는 것은 라디오 듣는 것에 비교할 수 있다. 오래된 라디오는 스위치가 있고 특정한 라디오 방송국에 주파수를 맞춰야만 한다. 기술의 발전으로 인해서 우리는 더 이상 주파수를 맞추지 않아도 된다. 하지만 하나님과 함께 당신은 그 분의 음성에 주파수를 맞춰야 한다. 하나님은 항상 말씀하고 계신다. 우리는 그 분의 음성을 들을 수 있는 라디오 전파신호를 찾아야만 한다. 하나님은 갑자기 말씀을 시작하시지 않는다. 하나님의 말씀은 이미 공기 중에 있다. 그리고 그것에 주파수를 맞추는 것은 우리에게 달려있다.

전 우주를 다스리는 하나님이 당신이 알지 못하는 방법으로 지금도 당신에게 말씀하고 계실지도 모른다. 특별하게도 당신이 하나님과 만나기 원하며, 하나님을 깨닫고 성취하기 원하는 순간에 발견된다. 당신이 이것을 이해할 때, 하나님은 그 분의 말씀을 명확하고 권위있게 전함으로 모든 사람들이 이해하고 용기를 얻도록, 당신을 더 높은 단계의 영역으로 들어가게 하실 것이다.

Call Me Crazy

6.

세 가지 영역의 시각적 융합-
자연적인 시각, 통찰력, 선견지명

당신의 삶에 대한 온전한 지식을 갖기 위해서는 세 가지 영역의 시각을 소유해야 한다. 시각(sight), 통찰력(insight), 그리고 선견지명(foresight)은 당신을 완전한 지식으로 인도하는 통로이다. 시각은 당신이 가지고 있는 자연적 영역의 비전 혹은 당신의 육체의 눈을 통해서 사물을 보는 방식이다. 이것이 오늘 날 현재의 환경과 조건들을 당신 자신이 보는 방법이다. 통찰력은 자연적인 시각의 영역이 확장된 것이고 더 깊은 것을 볼 수 있는 능력이며, 어떤 상황의 진정한 본질을 구별하는 것이다. 통찰력이란 우리가 자연적인 시각외로 인지하며, 사물의 본질 속에 숨어있는 것을 파악하게 한다.

온전한 지식을 얻기 위한 세 번째 시각은 선견지명이다. 이것은 어떤 사건이 일어나기도 전에 그 사건을 인지하는 능력이다. 선견지명은 당신의 현재를 넘어 미래를 보는 능력이며, 하나님이 보고 계시는 것을 보는 능력이다. 이것이 예언적 비전의 가장 높은 영역이며, 당신으로 하여금 미래와 연결되어 행동하도록 시작하게 만든다.

아담과 이브가 동산에서 타락했을 때, 성경은 "그들이 눈이 밝아져"(창 3:7)라고 기록하고 있다. 물론 그들의 눈은 그 순간까지 열려있었지만 하나님은 자연적인 눈에 대해서 말씀하고 계셨다. 죄가 없는 상태에서 모든 것은 완전했다. 타락하기 전 그들의 눈은 통찰력과 선견지명으로 하나님이 보시는 것을 보고 있었다. 아담이 죄를 지은 후 그의 눈이 밝아져 자연적인 시각의 영역을 보게 되었고, 결과적으로 자신들의 벌거벗었음을 보아 숨게 되었다. 타락한 아담은 더 이상 자신을 하나님이 보시는 것과 같이 영적인 눈으로 자신을 볼 수 없게 되었으며 수치를 발견하게 되었다.

당신이 자신의 벌거벗음과 실패로부터 눈을 떼어낼 때, 예언적인 삶으로 인도하는 생활방식의 두 가지 중요한 열쇠인 통찰력은 당신에게 정체성을 제공해주며, 선견지명은 운명을 알게 해준다. 통찰력과 선견지명은 당신을 죄로부터 멀리 떨어질 수 있게 해 주며, 심지어 당신이 넘어졌을 때에라도 당신이 극복할 수 있도록 도울 것이다. 통찰력과 선견지명은 궁극적으로 당신의 부르심을 보게하여, 보다 행복하게 살도록 도와주며, 그리고 당신의 앞을 막으려는 장애물들을 통과할 수 있는 힘을 공급해 준다.

당신이 육체의 눈으로만 보게 된다면, 당신의 현실과 상황적인 문제들을 알게 될 것이며, 이러한 현재적인 문제들이 당신의 행동과 활동을 조종하게 된다. 선견지명은 당신이 미래와 연관 지어 행동할 수 있도록 해주며, 당신의 미래가 지금인 것처럼 행동하게 만든다.

불행하게도 대부분의 사람들은 선견지명에 의해서 움직이지 않는데, 그 이유는 환경에 반대 되는 것을 믿는 것은 너무 어려운 일이기 때문이다. 아담과 이브처럼 그들의 눈이 밝아졌으며, 육체적인 시각의 영역은 그들의 환경에 의해서 지배를 받게 되었고, 마침내 자신들의 벗은 것을 보고 숨게 되었다.

숨지 말라! 예언적인 인도하심이 당신을 부르심과 승리의 장소로 옮겨가도록 허락하라. 통찰력과 선견지명이 당신의 가장 큰 인도자가 되게 하라. 육체의 눈으로 사람은 위험한 것만을 보지만 통찰력은 예언적인 사람으로 하여금 그 상급을 보게 한다. 그리고 나는 내 경험을 통해서 그 상급이 위험을 감수할 만한 것이라고 배웠다.

하나님은 당신의 미래와 관련하여 말씀하신다

하나님이 말씀하실 때 당신의 미래에 관련된 것을 말씀하신다. 하나님은 당신의 현재 상황으로 인해서 단념하지 않으신다. 하나님은 당신의 미래를 보고 계신다. 하나님이 유대 민족의 조상 중 한 사람인 야곱에게 그의 할아버지 아브라함에게 하셨던 것처럼 야곱의 미래에 대해서 말씀하셨다. 하나님은 야곱의 거짓말과 파렴치한 성품에 근거하여 말씀하시지 아니하셨다. 우리 중 어떤 사람도 야곱과 같은 심각한 성품의 결함이 있는 사람을 선택하지는 않을 것이다. 그러나 하나님은 당신과 나와는 다른 시각을 가지고 계시다. 하나님은 야곱의 과거나 현재가 아닌 미래를 바라보고 계셨다. 하나님은 이스라엘 민족이 야곱의 허리에 있음을 보셨고, 그의 미래에 관해서 말씀하셨다(창 28:13~15 참조).

우리는 사람들을 과거와 현재 겪고 있는 환경에 의해서 판단하는 오류를 범하고 있다. 이것이 교회 안에 존재하는 가장 큰 문제들 중 하나이다. 선지자의 존재의 목적은 사람들로 하여금 자기 판단의 감옥과 다른 사람을 판단하는 것으로부터 자유케

하여, 그들로 하여금 미래를 바라볼수 있도록 하는 것이다.

하나님은 당신이 경험하고 깨닫게 될 전혀 새로운 세계를 준비하고 계신다. 그곳에 도달하기 위해서 당신은 자연적 시각의 계곡을 떠나 당신을 기다리고 있는 운명을 보여주시는 곳을 향해서 떠나가야 한다. 이것은 완전히 새로운 세상이며 정말 신나는 모험이다. 이것은 위험하고, 위험을 감수해야 하며, 급진적이고 혁명적이며 혼란스럽지만 아주 멋진 것이다. 혼란스럽지만 이것은 당신으로 하여금 당신의 미래로 인도해 줄 질서 있는 혼란이다.

당신은 당신이 실패자이고 결코 성공할 수 없다고 이야기하는 다른 목소리들을 걷어내야만 한다. 당신의 하나님 안에서 성공적인 미래와 운명에 관해 이야기하고 있는 그 목소리를 들어야만 한다.

야곱의 아들 요셉은 미래를 바라보았으며 그의 운명을 보았다. 그가 이스라엘을 다스리는 자가 될 것이며, 그의 형제들이 언젠가 자신의 발아래 절하게 될 것이라는 것을 보았다. 그러나 그의 운명으로 향하는 통로는 쉬운 것이 아니었다. 대부분의 하나님의 선지자들이 그러했던 것처럼 이것은 고통으로 가득한 통로였다. 요셉이 이집트 감옥에 갇혔을 때, 그의 영은 혼란가운데 있었지만 이것은 하나님이 온전하게 예비하신 것이었다. 그는 그 감옥에 오랫동안 갇혀 있지 않았다. 그는 그의 미래를 보았다. 그 음성이 그에게 희망과 용기를 주었다.

1994년 1월, 나는 캘리포니아 샌주앙 카피스트라노 지역의 교회에서 사역을 하고 있었다. 나의 아내와 자녀들 그리고 사랑하는 장모 글로리아 반즈도 함께 그곳에 있었다. 글로리아는 내가 사역을 시작한 1978년 이후 계속 나를 위한 중보기도의 용사이며, 후원자이자 생명줄이 되어 주었다. 나는 그 날 모임에서 글로리아를 보며, 이렇게 예언했다. "글로리아, 당신은 아브라함과 같이 오랫동안 장수 할 것입니다." 이 예언에는 여러 가지 다양한 요소들을 포함하고 있었지만, 우리가 가장 분명하게 들은 것은 그녀가 더 큰 목적을 위해서 장수하게 될 것이라는 사실이었다.

그 해 5월, 나의 장모인 글로리아가 조국인 남아프리카 공화국으로 돌아갔을 때, 수막염에 걸렸고 3일동안 누구도 장모님이 쓰러진것을 발견하지 못했다고 들었다. 장모님이 병원으로 옮겨졌을 때 이미 의식 불명의 상태였고 의사들은 그녀에게 뇌사 판정을 내렸다.

그녀가 숨을 멈췄을 때 병원에서는 세번이나 소생술을 시도했고, 세 번의 시도 후에 생명은 건졌으나 더 깊은 혼수상태에 빠지게 되었다. 아내 제인은 울면서 내게 자신의 상황에 대해서 무엇을 느끼고 있냐고 질문했다. 내 아내는 그 당시 임신 중이었고 지구의 반대편에 있었기 때문에, 현재의 상황에 대해서 절망적으로 느끼고 있었다. 나는 아내에게 내가 기도할 것이라고 말한후, 그날 새벽 매우 깊은 기도의 시간을 보냈다.

새벽 4시경, 나는 이미 주어진 약속과 그녀의 삶을 위한 기록을 기억해 냈다. 즉시로 나는 이전에 그녀의 삶에 대해서 선포했던 말씀들을 기억해 냈고, 그것을 아내와 처가 가족들을 위해서 프린트하여 보냈다. 아내는 내가 무엇을 보았느냐고 질문했고 나는 즉시 대답했다. "그녀는 뇌 손상에 대한 그 어떤 흔적도 없이 완전하게 회복될 것이다. 내가 본 것은 그녀가 발을 약간 절게 될 것이지만 지팡이 없이 걸을 수 있을 것이다."

아내는 그 당시 어린아이 였던 아들 갈렙을 데리고 남아프리카로 갔다. 그리고 아내가 떠나기 전에 나는 손수건에 안수하여 기도했고 갈렙의 작은 손에 쥐어주며 "이것을 할머니에게 가지고 가서 그녀가 치유될 것이라고 말해주겠니?"라고 부탁했다.

제인이 남아프리카의 병원에 도착했을 때, 그녀는 어머니의 죽음을 이미 받아들인 가족들과 사랑하는 사람들 위에 끔찍한 죽음의 영이 임한 것을 발견하였다. 그녀는 갈렙을 데리고 그를 침대머리에 세웠다. 그는 그 수건을 할머니 위에 올려놓았고 내가 갈렙에게 말하라고 했던 것을 선포했다.

내 아들 갈렙의 예언적 선포와 기도후에, 장모님은 의식불명 상태에서 깨어났고 모두가 곧 죽을 것이라는 예상들을 뒤집어 놓았다. 그 일후 지금까지 장모님은 다리를 조금 저는 것 외에는 완벽하게 정상적인 삶을 살고 있다. 주님의 말씀이 예언적인 말씀으로 선견지명을 풀어놓았다. 그리고 아내와 아들 갈렙이 병원에 도착했을 때, 필요한 영적인 요소들이 장모님의 운명과 연결되어 기적이 일어났다.

현실적 상황을 바라보는 당신의 관점은 어떠한가? 당신의 처한 환경에 대해서 무엇을 보고 있는가? 당신의 몸에 무엇인가 좋지 못한것이 자라고 있다는 얘기를 방금 듣게 되었다면 당신은 무엇을 할 것인가? 두려움에 굴복할 것인가? 하나님을 원망할 것인가? 포기할 것인가? 당신의 자연적 영역의 시각에 의해서 살며 도망하고 숨을 것인가? 아니면 일어서서 통찰력과 선견지명 가운데 움직이며 미래에 순종하여 행동할 것인가?

만일 당신이 통찰력(insight)으로 살아간다면, 의사가 당신에게 말한 것 너머를 보게 되며 하나님이 당신에게 말씀하신 것에 의해서 살아가게 될 것이다. 선견지명(foresight)은 당신에게 어떤 상황에 대한 진실을 알 수 있는 미래로 당신을 들어가게 하는 지식을 제공할 것이다. 하나님은 우리에게 진리를 알려 주시지만 때때로 그 사실들은 진리가 아니다. 다시 말해서, 의사들이 당신의 상황에 대해서 사실을 알려주지만 하나님은 당신에게 그 상황의 진리를 알려주신다. 그 전체적인 싸움은 실질적으로 사실(fact)과 진리(truth)의 대결이다.

우리는 우리가 경험하는 사실들에 의해서 자신을 혼란스럽게 만드는 것을 허락해서는 안 된다. 우리는 항상 하나님의 약속을 통해서 우리에게 주신 진리를 붙잡아야만 한다. 비록 당신이 사실들을 알고 있다고 해도 만일 당신이 진리를 알고 있다면 미래의 당신 자신을 볼 수 있는 능력을 소유하게 될 것이다. 만일 당신의 모습을 미래에서 볼 수 있다면, 당신은 현재 문제를 극복하게 될 것이며 그 곳에 도달하게 될 것이다.

당신은 어떻게 사물들을 보는가?

유명한 인상파 화가인 모네는 그가 장님으로 태어나 나중에 볼 수 있었기를 바란다고 얘기했다. 그렇게 함으로서 그는 이미 존재하던 지식으로부터 자유롭게 되어 세상을 바라보며 그들의 색깔을 더욱 온전하게 감상할 수 있을 것이라고 생각했다.

사물을 바라보는 시각(sight)이 지식을 가져다준다. 동산에 있던 아담과 이브는 죄의 욕심의 소리를 들었고 순종했다. 성경은 그들의 눈이 밝아졌다고 기록하고 있다. 분명히 모네는 진리에 가깝게 접근했었다. 사람들은 사물의 지식으로 인해서 아무것도 보지 못하기 때문에, 하나님의 소리 혹은 색깔을 감상하지 못한다. 사물들은 우리의 주의를 빼앗아가고 때때로 그들을 둘러싸고 있는 아름다움으로 우리를 아무것도 보지 못하도록 만든다. 사물(object)이라는 단어의 뜻은 "하나 혹은 그 이상의 감각, 특별히 시각 혹은 촉각에 의해서 인지할 수 있는 무엇, 물질적인 것, 주의, 느낌, 생각 혹은 행동의 중심이 되는 것, 목적, 목표 혹은 어떤 특별한 행동, 노력의 목적" 등이다.

내가 깨달은 것은 어떤 물체에 특정한 주제를 가지고 집중하는 것이 있을 때, 다른 모든 것은 희미해지거나, 눈 밖으로 벗어나게 된다는 것이다. 하나의 물체에 집중하는 동안 당신은 이것에 지배를 받게 되며, 시각에 의해서 통찰력과 선견지명이 그늘지게 되어 심하게 제한받게 된다. 지배를 받는다는 의미는 "마음에 존재하다, 주제를 생각하는 것에 속하다, 어떤 사람 혹은 자신의 기분, 태도, 의견 등에 과도한 강조점을 두다, 지나친 이기주의" 등이다.

그래서 우리의 대적은 우리의 주의를 뭔가 시각적 혹은 촉각 그리고 무엇인가 물질적인 것에 의해서 인지할 수 있는 사물에 집중하게 한다. 우리의 마음은 우리 자신, 우리의 태도 그리고 의견 등에 의해서 집중되어지며 지배당한다. 이러한 이유로 나는 우리가 우리 뇌의 극히 일부만을 사용하고 있다고 믿는다. 우리는 사물과 물체들에 의한 정보를 섭취하는데, 이것은 우리의 주의력이 오로지 우리가 보고 생각하는 것에 의해서 지배당하게 만든다.

인간은 영적인 세계가 귀신들, 악마들의 이야기와 같은 것 이상을 제공할 수 있다는 사실을 거부해 왔다. 당신은 할리우드가 해마다 제공하는 영적인 세계에 대한 것만을 보아왔고, 이내 당신은 할리우드가 만들어내는 세계에 참된 영적 세계와 천상에 대한 심각한 무지함이 존재한다는 것을 깨닫게 될 것이다. 조직화된 종교는 물체에 종속적이며 이것이 통제하고 있는 세상 밖의 질서가 부여된 혼란의 주제에 대한 그 어떤 제안에도 반대해왔다. 종교적인 것은 그들의 지도력이 집중하는 것, 혹은 하나님과의 관계에서 멀어지게 하는 것과 같은 작은 문제들에 집중해 왔다.

1970년대 초반에 교회가 치마의 길이와 머리의 길이를 측정하고 있는 동안, 사람들은 인터넷을 통해서 의사소통할 수 있는 길을 개척했으며, 그들의 선견지명으로 마이크로 소프트가 개발한 컴퓨터 운영체계가 그 개척자들이 되었다. 이들은 DOS라는 사용자들에게 편리하지 않은 운영체계를 대신할 수 있는 대안을 제공함으로서, 마이크로 소프트를 다른 시스템과 경쟁할 수 있는 위치로 올려놓았다.

1990년에 출시한 윈도우 3.0은 2년 만에 천 만장 가까이 팔리는 큰 성공을 거두었다. 그들은 대부분의 컴퓨터가 윈도우를 미리 장착하여 출시하도록 만들어 마이크로 소프트사를 세계 최대의 소프트웨어 회사로 만들었고, 빌 게이츠로 하여금 포브스 잡지에 수 년 동안 세계 최대의 부자라는 명성을 얻게 했다. 빌게이츠는 현재 억만장자이지만 교회는 나의 친구 조니 카스웰(Jonny Caswell)이 말했듯이 "모든 사람들이 맥주를 원할 때 얇은 토스트를 팔려고 시도하는 것"과 같이 여전히 자금을 모으려고 몸부림치고 있다.

믿는 것이 보는 것이다 !

나는 아직 보지 못했지만 나는 보여졌다(I have not seen, but I have been shown).

본다(to see)는 것은 "눈으로 보아 시각적인 인지"를 하는 것이다. 내가 무엇을 볼 때, 나는 이것의 형체, 모양, 그리고 소리와 친숙해 지는 데, 그 이유는 이것이 보는 것과 들을 수 있는 거리에 있기 때문이다.

보여준다(to show)라는 것은 "표적(sign) 으로서 인정되고 가리키다, 표현에 의해서 분명해 지다"라는 뜻을 포함한다.

대부분의 사람들은 시각적 이미지, 시각적 감각을 선호한다. 만일 우리가 믿음이 없을 때 전체적인 그림을 분명하게 볼 수 있다면 이것은 무척이나 쉬운 일이 될 것이다. 시각적인 평가는 시각적 감각의 또 다른 표현이다. 이것은 애매한 인상 혹은 깨달음이 될 수도 있다. 안정감은 당신이 시각적으로 무엇인가를 감지하게 하지만, 당신이 감지하고 있는 안정성에 대한 시각적인 이미지를 가질 필요는 없게 만든다. 하나님은 우리가 믿음을 사용할 때 가장 기뻐하신다(히 11:6 참조). 시각의 두 가지 영역에는 차이점이 존재한다.

우리는 "백문이 불여일견"이라고 말하는 데, 왜냐하면 어떤 것이 나타났을 때 이것에 대한 증거가 거기에 존재하기 때문이다. 그러나 보는 것은 믿는 것이 아니다. 현실에서는 믿는 것이 보는 것이다.

저자이며 생물학자인 라이얼 왓슨(Lyall Watson)은 "나는 보지 못하면 믿지 못한다. 하지만 신경생리학적으로 정확하게 이야기 한다면 내가 처음부터 이것이 존재한다고 믿지 않았다면 나는 이것을 보지 못했을 것이다"라는 글을 썼다.

당신에게 일단 무엇인가가 보여졌다면 당신은 이것을 보기 전에 믿어야만 한다. 하나님이 당신에게 무엇인가 말씀하시고 보여주셨다면(이것이 시각적인 연결이 아닌 어떤 표시 혹은 감각이라는 것을 지금 기억하라), 당신에게 일어나게 될 다음의 것은 개념화(conceptualization)하는 것이다. 즉 당신이 본것을 설명하기 위해서 그것을 개념으로 형상화하는 것이다. 이것은 비록 피할 수 없는 것이지만 만일 이것이 당신을 최초의 인식으로부터 멀어지게 한다면, 이것은 해로운 것이 될 수도 있다. 거의 대부분의 경우, 사람들은 분명하게 듣지 못하는 데 이것은 그들이 영적인 귀로 듣는 것-감각(sense), 이해(realization), 인상(impression)-대신에 고막이라고 알려져 있는 것에 의존하기 때문이다.

당신에게 무엇인가가 보여졌을 때, 이것이 필수적으로 시각적 만남을 통해서가 아닌 표현(expression) 혹은 인도(guidance)함을 통해서 온다는 것을 기억하라.

다음은 이와같은 성경의 예들이다. 선지자 사무엘은 하나님의 명령으로 사울이라 불렸던 특별한 손님을 위해서 저녁을 준비한다. 사무엘은 사울을 보지는 못했지만 사울이 그에게 보여졌다.

사울이 오기 전날에 여호와께서 사무엘에게 알게 하여 이르시되 내일 이맘때에 내가 베냐민 땅에서 한 사람을 네게로 보내리니 너는 그에게 기름을 부어 내 백성 이

스라엘의 지도자로 삼으라 그가 내 백성을 블레셋 사람들의 손에서 구원하리라 내 백성의 부르짖음이 내게 상달되었으므로 내가 그들을 돌보았노라 하셨더니 사무엘이 사울을 볼 때에 여호와께서 그에게 이르시되 보라 이는 내가 네게 말한 사람이니 이가 내 백성을 다스리리라 하시니라 (삼상 9:15~17)

주님은 사울이 도착하기 하루 전 사무엘의 귀에 "내일 이맘때에 내가 베냐민 땅에서 한 사람을 네게로 보내리니 너는 그에게 기름을 부어 내 백성 이스라엘의 지도자로 삼으라"고 말씀하셨다. 그래서 사무엘이 보았을 때(시각적 만남) 주님은 그에게 "보라 이는 내가 네게 말한 사람이니 이가 내 백성을 다스리리라"고 말씀하셨다.

사무엘은 그가 보기 전에 사울이 보여졌다. 당신도 이와같이 현실에서 일어나기도 전에 무언가가 보여지게 될 것이다. 그러고 나서 당신은 당신에게 무엇이 보여졌는지를 이해하게 될 것이다. 그리고 하나님의 내적 음성이 이것을 지적해 줄 것이다. 대부분의 사람들은 하나님의 음성을 들었지만 깨닫지 못하는 데, 그것은 너무 힘들게 듣기 때문이다. 하나님은 당신에게 무언가를 보여주셔서 당신으로 하여금 보게 하실 것이고, 궁극적으로 이 장을 통해서 이전에 이야기 했던 것처럼 세 개의 다른 시각의 수준 안에서 움직이게 될 것이다.

마음과 감각들

인간들은 단순히 육체적 존재가 아닌 영적 그리고 혼적인 존재이다. 그러므로 우리가 예언적인 영역으로 들어가기 위해서는, 우리의 영과 연결되어져야만 하는 숨겨진 진리와 보물이 있는 곳, 즉 다른 두 영역이 존재한다는 것을 알아야 한다.

1. 마음(the mind: 주관적)

2. 감각(the sense: 객관적)

만일 마음과 감각이 우리의 영과 연결되지 않는다면, 모든 것이 감속되며 그것 때문에 과학, 지식 그리고 일반적인 세계가 진보하는 속도가 느려지게 된다. 지난 세기동안 높은 비율로 모든 것이 증가 할 수 있었던 단 한 가지 이유는 하나님의 왕국이 종교의 네 가지 벽 밖에서 진보해왔기 때문이다. 오늘날 사람들은 영적인 것들에 마음을 열어놓고 있으며, 비록 심하게 공격을 받고 있지만 하나님은 이 땅에서 가장 추구되어지고 있는 존재이다.

잠언을 기록한 솔로몬은 "묵시가 없으면 백성이 방자히 행하거니와"(잠 29:18)라고 말했다. 히브리어 단어인 "파라"(parah)의 의미는 "썩다, 감속하다, 후퇴하다, 줄어들다"이다. 우리는 오늘 날 전세계적으로 도덕적 윤리의식이 타락해가는 것을 보게 되는데, 이것은 선견지명(foresight)에 의해서 얻어지는 혁신적인 진리가 부재하기 때문이다. 미래를 보게 해주는 선견지명 없다면, 사람들의 꿈과 비전은 줄어들게 되고, 그들은 영적으로나 윤리적으로 타락하고 퇴보하게 된다.

매일 당신의 성품과 직업, 그리고 각각의 사람이 가지고 있는 재능과 능력들의 발전이 있어야만 한다. 당신이 이렇게 한다면 다음의 세 가지 영역에서 당신이 향상되는 것을 발견하게 될 것이다.

1. 생각과 인식의 명확성

2. 당신의 판단력의 진보

3. 절제

항상 당신이 존재한다는 것을 증명하기 위해서 과거를 재현하려고 시도하는 것 대신에, 지금 당신의 존재로 미래를 현실로 끌어 오라.

두 가지 진리

하나님의 능력인 공의, 평강, 기쁨, 영원함등이 없이는, 진리는 불법적인 방법을 통해서만 이용할 수 있다. 그리고 결국에는 타락(윤리의 타락과 본래의 사실로부터 멀어져 왜곡된 사실)으로 인해서 생명을 파괴하게 될 것이다. 오스트리아인 철학자 루드빅 비트겐슈타인은 "진리를 말하려고 시도하는 사람들은 암호가 없이 보초병들을 지나 침묵을 들여오려는 간첩들이다"라고 말했다.

물리학자인 레오 스질라드는 그의 친구 한스 베테에게 일기 쓰는 것을 생각하고 있다고 말했다. "나는 이것을 출판할 생각은 없다. 나는 단순히 하나님에 관한 정보에 대한 사실들을 기록할 것이다." 베테가 "당신은 하나님이 사실들을 모른다고 생각하는가?"라고 질문하자 스질라드는 "하나님은 사실을 알고 계시지만 이러한 종류의 사실은 알고 있지 못하다"라고 대답했다.

실로 두 가지 사실들이 존재하는 데, 그것은 순전한 것과 타락한 것이다. 그러나 우리가 이와 같이 분명한 사실로 시간을 낭비하기 전에 나는 당신에게 진리의 단면들을 보여주기를 원한다. 두가지 차원의 진리의 속성은 역사적인 사실과 창조적인 사실인데, 두 단면은 실제로 현존하는 것이며, 우리가 성취하여 얻을수 있다. 하나는 역사에 근거를 둔 것이고 다른 하나는 미래에 근거를 둔 것이다. 하나는 볼 수 있는 것이고 다른 하나는 볼 수 없는 것이지만, 우리가 잡을 수도 있고 분명히 존재하는 것이다. "무덤에 있는 진리는 자궁에 있는 진리와 같지 않다." 하나는 주관적 혹은 객관적이던지 현재하는 것이고 다른 하나는 현재에는 볼 수 없는 것이다.

우리가 임신 6개월의 산모에게 아기를 볼 수 없고 그 존재에 대한 유일한 증거는 배가 커지는 것이기 때문에 아기는 존재하지 않는다고 논쟁한다면, 그것은 우리가 나뭇가지가 흔들리는 것을 보고 바람이 존재하지 않는다고 얘기하는 것처럼 바보스러운 일이다. 진리는 한 사람이 가지고 있던 모든 선입견들을 포기할 때 순전하게 드러나게 된다. 이것이 예언적인 목소리가 이 세상에서 무척이나 중요한 이유이다. 이러한 속성이 우리로 하여금 미래를 미리 흘끗 보게 만듦으로서 선입견들을 깨뜨려 부수기 때문이다. 여기서 우리가 단순히 흘끗 본 것임을 기억하라. 이것은 마치 사진기로 어두운 곳에서 하나의 사진을 찍고, 단 한 번 사진기의 불빛에 근거하여 이야기를 해야 하며, 세상으로 하여금 그 한 순간에 들어난 것을 보게 하기 위해서 암실에서 현상되어지는 것과 마찬가지이다. 그러나 보이지 않지만 현존하는 진리와 예언적 선포는 편견과 선입견들을 부서트리기에 충분하다. 문제는 이 세상에 고집 센 사람들이 너무 많이 존재한다는 것이다.

신약성서의 75%를 기록한 바울은 "어두운 데에 빛이 비치라 말씀하셨던 그 하나님이 예수 그리스도의 얼굴에 있는 하나님의 영광을 아는 빛을 우리 마음에 비추셨느니라(고후 4:6)"고 말하고 있다. 여기에서 사용된 어둠이라는 단어는 "미지의 것"을 의미한다. 그러므로 당신이 알지 못하는 장소에 있을 때 당신은 어두운 데에 있는 것이다. 그 어두움이 반드시 죄에 대한 것이 아니라 당신 현재의 빛(명철, 조명)

으로 볼 수 없는 장소를 이야기 한다.

만일 하나님이 솔로몬이 이야기 했던(전도서 3:11 참조) 우리의 마음속에 영원을 심어두셨다면, 우리는 영원이 무엇인지를 분명하게 할 필요가 있다. 이것은 영원히 지속되는 상태이며 나의 개인적인 믿음으로 보면 각 사람 안에 존재하는 과거와 미래이다. 과거는 우리와 함께 한다. 그리고 우리로 하여금 노래, 향수, 혹은 사진을 통해서 부드럽게 상기시킴으로 우리를 그곳으로 돌아가게 하기도 한다. 이것은 마치 우리가 그 순간을 다시 사는 것과 같은 것이다. 어떻게 이런 것이 이렇게까지 강력할 수 있는가? 왜냐하면 이것이 여전히 당신 안에 영원으로 존재하고 있기 때문이다.

미래 또한 이에 못지않게 강력한데 그 이유는 알려지지 않은 사실을 탐구하는 것을 거절하기 때문이다. 사도 바울에 의하면 하나님이 빛(조명과 이해)으로 하여금 어둠(알려지지 않은 영역 혹은 미래)가운데서 빛을 발하라고 말씀하셨다. 바울은 이 빛이 우리의 마음에 비춰져 빛을 발하고 있다고 말했다. 우리는 미래를 우리 안에 품고 있지만 아직 알려지지 않은 영역으로 들어가 이것을 흘깃 쳐다보는 것을 두려워하고 있다. 이렇게 하는 대신에 우리는 다른 곳을 쳐다보며 기억과 역사적인 진리의 지배 아래 남아있다. 자궁에 있는 진리는 알려지지 않은 것이다.

오늘 날 우리는 아직 태어나지 않은 태아를 볼 수 있는 현대적인 의학기구를 가지고 있다. 초음파는 인간의 귀로 인식할 수 있는 것보다 높은 영역의 진동이다. 개, 돌고래, 박쥐, 쥐와 같은 동물들은 인간의 귀가 가지고 있는 것보다 높은 영역의 음을 감지할 수 있다. 이 인간에게 제한된 주파수는 중간귀(middle ear)에 의해서 저역통과 여파기(low-pass filter)와 같은 역할을 담당한다. 만일 초음파가 뼈 속을 직접

통과하게 되면, 이것이 달팽이관에 이르게 되고 중간귀를 거치지 않고 200kHz에 이르는 더 높은 음역을 들을 수 있게 만든다. 초음파라고 불리기도 하는 이러한 효과를 처음 발견한 것은 높은 음역에 노출되어 있었던 잠수부들이었다.

어떤 사람들은 어린이가 성인이 들을 수 없는 높은 영역의 소리를 들을 수 있다고 말한다. 왜냐하면 나이가 들어갈수록 인간이 들을 수 있는 소리의 영역은 감소하기 때문이다. 무선전화기 회사가 이러한 변칙을 사용하여 젊은 사람들만이 들을 수 있는 벨소리를 만들어 내는데 사용하기도 했다. 그러므로 나는 어린아이와 같은 태도가 이러한 영역을 뛰어넘어 미래를 볼 수 있게 만드는 우리의 듣는 능력(hearing)을 증진시킬 수 있다고 믿는다.

초음파 촬영술은 초음파를 사용해서 근육, 힘줄, 그리고 많은 인체 내부의 기관들, 크기, 구조, 그리고 다른 병리학적인 상태를 시각화하는 의학적 진단 기술이다. 초음파는 정기적 혹은 위험한 상황에서 태아를 살필 수 있는 도구로도 사용된다. 산과용 초음파는 임신기간에 보통 사용된다.

울트라 사운드로 일단 어둠속에 있는 무엇인가를 희미하게라도 보게 되면, 우리는 제한은 있겠지만 여러 가지 특성들을 서술할 수 있게 된다. 어떤 것들은 오직 밝혀져야만 하지 배울 수 없는 것들이 존재한다. 우리가 손을 뻗을 수 있는 곳에 많은 흥미로운 보물들이 존재하지만, 이것들은 자연적으로 획득할 수 없는 영역에 위치하며 오직 영적인 이해로만 알 수 있는 것들이다. 당신 앞에 무엇이 있든지 간에 그것은 볼 수 없는 것이지만, 이것은 실재하며 발견되어지기를 기다리고 있다. 당신은 놀라운 역사를 만들 수 있는 능력을 가지고 있다.

윈스턴 처칠은 "역사는 내가 만들어가기 때문에 나에게 친절할 것이다. 오직 당신만이 당신의 미래에 있는 것을 만들고 구체화 할 수 있다"라고 말했다.

시각적 융합

나는 시각이 하나님의 음성을 들을 수 있는 비밀들 중 한가지라는 사실을 앞서 설명했다. 그러한 이유로 선지자들은 자주 선견자(seers)라고 불렸다. 사람들이 예언적인 것에 대해서 이야기 할 때, 그들은 보통 하나님의 음성을 듣는 것에 대해서 이야기하지만 시각은 선지자를 구성하는 중요한 열쇠이다. 들음이 있기 전에 보는 것이 있다. 하나님의 신탁을 받은 사람들은 이미 보았기 때문에 그것에 대해서 이야기 할 수 있다. 말씀이 있기 전에 선지자가 본 것으로 인해서 생성되어진 창조적인 생각이 있다.

1960년대에 활동적으로 인권운동에 참여했던 유대인 철학자인 아브라함 헤셸은 그의 딸에게 "말이 세상을 창조한다"라고 말해 주었다. 하나님이 태초에 말씀하시기 전에 그 분이 미래에서 본 것을 근거한 생각이 먼저 있었다. 하나님은 우리의 세계가 된 세상을 보셨다. 그리고 말씀을 선포하셨고 그 말씀이 우리의 세상이 되었다. 이것이 선지자의 능력이다. 선지자는 하나님에 의해서 그려진 세상을 보며 그가 본 것을 말씀으로 가져오며, 그리고 그 말씀들은 다른 사람들을 위한 세상을 창조한다.[1]

하나님이 당신에게 두 개의 눈을 주셨을 때, 그것이 당신의 자연적 시각의 영역을 지배하도록 하신 것은 아니었다. 당신은 영적인 눈으로 볼 수 있는 시각을 가지고 있어야 한다. 나는 자연적 시각을 이야기 하는 것이 아니라 보이지 않는 것들을 볼 수 있는 새로운 눈에 대해서 이야기 하고 있다. 나의 친구인 오랄 로버츠는 "당신이 일단 보이지 않는 것을 보게 된다면 당신은 불가능한 일을 할 수 있다"라고 말했다.

더 자세히 설명하자면 좋은 눈을 가지고 있는 것이 더 좋다. 나는 당신 안에 존재하고 있는 훌륭한 시각의 영역에 대해서 이야기 하고 있다. 나는 당신의 영적인 영역을 볼 수 있는 영적인 눈에 대해서 이야기 하고 있는 것이다. 선지자가 되기 위해서 당신은 하나님이 보시는 것을 볼 수 있는 눈이 필요하다.

주의 날에 내가 성령에 감동되어 내 뒤에서 나는 나팔 소리 같은 큰 음성을 들으니…몸을 돌이켜 나에게 말한 음성을 알아보려고 돌이킬 때에 일곱 금 촛대를 보았는데… (계 1:10, 12)

예수의 가장 가까운 친구들 중 한사람 이었던 요한은 하나님의 선견자이며 선지자였다. 그는 하나님의 음성을 볼 수 있었던 눈이 있었다. 이것이 정말 흥미롭지 않은가? 그가 음성을 알아보려고 돌아보았지 음성을 듣기 위해서 돌아본 것이 아니었다. 요한이 보았던 것처럼 영적인 영역의 숨겨진 것들을 보기 위해서 당신은 시각적 융합이 필요하다. 요한은 하나님이 보고 계시는 것을 보려하고 있지만 이것은 그의 눈을 통해서 보는 것은 아니었다.

시각적 융합은 두 개의 눈을 통해서 본 이미지들을 하나의 시각적 인지를 통해 형성하는 것이다. 다시 말하자면, 하나님의 눈과 당신의 눈이 하나가 되어야만 한다. 그리고 이 시각적 융합에 관한 놀라운 사실은 바로 하나님이 당신의 눈을 필요로 하신다는 것이다. 하나님은 불가능한 것을 행하시기 위해서 당신의 비전을 필요로 하신다.

또 다른 위대한 선지자였던 예레미야와 교통하실 때에 하나님은 그의 삶을 통해서 하게 될 어떤 기막힌 일들을 보여주셨다. 하나님은 예레미야에게 그가 열방 가운데 영향을 미치게 될 소리가 될 것이며, 그의 사명은 질서를 가져오는 혼란의 원인, 즉 민족들을 만족감으로부터 흔들어 그들로 하여금 올바른 방향으로 나아가게 하는 것이었다. 예레미야는 이러한 말씀을 받아들이는 것을 거절하며 "슬프도소이다 주 여호와여 보소서 나는 아이라 말할 줄을 알지 못하나이다"라고 변명한다.

그가 이러한 변명을 한 이유는 그에게 선포된 말씀을 보지 못했기 때문이었다. 하나님은 "너는 아이라 말하지 말고"라고 하시며 조금 더 말씀하신 후에 예레미야에게 놀라운 질문을 하신다. "예레미야야 네가 무엇을 보느냐?" 예레미야가 "대답하되 내가 살구나무 가지를 보나이다" 그리고는 하나님은 "네가 잘 보았도다 이는 내가 내 말을 지켜 그대로 이루려 함이라 하시니라"고 말씀하셨다(렘 1 장 참조).

흥미로운 것은 예레미야가 하나님이 보기를 원하시는 것을 보았을 때, 하나님이 그를 통해서 하나님의 일을 시작하실 수 있었다는 사실이다. 하나님의 대답가운데 사용된 단어들 중 하나가 "내가 내 말을 지켜 그대로 이루려 함이라"이었다. 여기서 "지키다"(watch)라는 단어는 시간을 말하고 있다. 또한 이것은 "가속하다"(accelerate)라는 뜻이다. 당신이 제한된 시각의 영역을 넘어서서 보게 될 때, 당신은 하나님과 함께 시각적 융합을 경험하게 되며 모든 것은 가속되며 당신은 새로운 시간의 영역으로 들어가게 된다.

하나님이 보시는 눈으로 당신은 당신의 미래를 볼 수 있고, 하나의 깨달을수 있는 것을 만들기 위해서 당신의 시각과 하나님의 시각이 융합될 필요가 있다. 하나님으로 하여금 당신의 자연적 눈과 영적인 눈을 융합하게 하시도록 허락하면, 당신은 새롭고 높은 관점에서 사물들을 볼 수 있게 된다. 당신이 보게 될 것들에 의해서 놀라게 될 것이다.

내면아이-순진한 눈

한 어린이가 하나님께 쪽지를 썼다. "하나님께, 하나님의 책은 많은 지퍼가 달려있어요. 나는 공상 과학적인 이야기를 좋아해요. 당신의 독자 지미로부터."

파블로 피카소는 "다시 어린 아이가 되는 것은 오랜 시간이 걸린다"라고 말했다.

어린아이의 눈을 이해해 보자. 심리학자 리차드 스톤이 저술한 'Children(아이들)' 이란 책에 따르면 아이는 비평적으로 책을 읽지 않는데, 특별히 그가 즐거움을 위해서 읽을 때 그렇지 않다. 아이의 독서는 비평적이지 않고 책에 쓰인 어떤 것들에 대해서 순진하게 받아들이는 경향이 있다고 이야기한다. 아이는 비평적인 자의식 없이 책에 접근한다. 아이는 비평적인 지각과는 직접적으로 관련 없는 것을 산출해 낸다. 그리고 거기에는 소설을 비판하는 소설인 메타픽션이 존재하지 않는다.[2]

어린이와 같다는 말과 유치하다는 말은 엄연하게 다른 말이다. 다윗은 어린이와 같았지만 그의 원수였던 사울왕은 유치했다. 사울은 다윗의 순진함으로 인해서 자극을 받게 되었지만 다윗은 이스라엘의 거대한 적을 무너뜨릴 수 있었다. 어떻게? 다윗의 순진한 눈으로 가능했다. 일단 선과 악에 대한 지식으로 눈이 어두워지면 순진함은 사라진다. 하나님이 사람을 창조하셨을 때 무지하고 순진한 눈을 주셨지만 동산에서 무슨 일이 있었는지를 살펴보라.

여자가 그 나무를 본즉 먹음직도 하고 보암직도 하고 지혜롭게 할 만큼 탐스럽기도 한 나무인지라 여자가 그 열매를 따먹고 자기와 함께 있는 남편에게도 주매 그도 먹은지라 (창 3:6)

이브의 눈이 그녀에게 영향을 미쳤다. 하나님이 그들에게 자유의지와 날카로운 지각을 허락하셨다는 것을 기억하라. 이브는 그 열매를 보았고 그것이 그녀에게 즐거움을 주었다. 눈에서 모든 것이 시작되었다.

과거에 대한 우리의 사랑은 건강하지 못한 것 이상이다. 왜냐하면 성경에 기록된 대로 묵시가 없으면 백성은 방자히 행하기 때문이다(잠 29:18). 간단히 말해서, 과거에 집착하여 사는 사람은 썩기 시작한다. 바로 이러한 방법으로 우리의 원수는 우리의 상상력을 굶겨 죽인다. 방자히 행한다는 말은 우리의 위대한 조상이었던 솔로몬이 성경을 기록하는데 사용한 "파라"(parah), "썩었다"(decay) 라는 뜻의 단어이다. 썩었다는 단어는 "능력, 질, 그리고 활력의 저하"를 의미한다. 또한 이것은 "부패시키다"라는 뜻도 포함한다.

영적인 타락은 보통 어떤 일을 성취한 후에 오게 되는 데, 그 결과로 사치스러운 방종이 매일의 희생을 대신하는 그 사람의 경향이 되어버린다.

믿음-알려지지 않은 곳

당신이 하나님의 음성을 듣고 행동할 때 당신은 이것과 함께 하는 느낌과 감정들에 친숙해지게 된다. 내가 무엇인가 마음 속 깊은 것을 알게 되거나 혹은 인상을 통해서 가지게 된 대부분의 경우에, 나는 또한 음성에 대해서 확신 할 수가 없기 때문에 근심(걱정)을 경험한다. 이상하지만 사실이다.

나는 하나님이 말씀하실 때 새로운 종류의 믿음이 생겨나는 것을 발견한다. 나는 이것을 시도해 보지 않은 믿음이라고 부른다. 이것은 이해하기가 쉬운데 신약성서의 야고보서에 "행함이 없는 믿음은 죽은것이라"(약 2:20)라고 기록되어있다. 그래서 만약 당신의 믿음이 당신을 위해서 역사하지 않았다면 이것은 죽은 것이다. 일단 당신이 그 믿음을 시도해 보았고 믿음대로 역사를 했다면, 이것은 굉장히 실제적으로 알려진 믿음이다. 당신이 하나님의 음성과 친숙해 진다면 확실하게 당신의 믿음을 다른 사람들을 만지고 돕는데 사용할 수 있다.

당신의 연약함으로 인해서 어떤 질병으로 고통 받고 있는 것이 한 예가 될 수 있다. 당신은 기도하고 질병이 나을 것이라고 믿는다. 그리고 그 기도의 과정 가운데 질병이 사라졌다. 이제 당신은 이러한 특정한 도전을 알게 되었고 이것을 다룰 수 있는 믿음을 소유한다. 그러나 무엇인가 당신이 경험하지 못했던 도전이 다가 온다면, 지금까지 시도되지 않았고 당신을 위해서 역사하지 않았던 다른 수준의 믿음이 요구되어진다.

나는 모세와 반석에 대한 말도 안 되는 예를 사용하는 것을 좋아한다. 모세와 이스라엘 백성들이 광야에서 물이 바닥나게 되자 갈등이 고조되기 시작했다. 하나님은 모세에게 이전에 하지 않았던 새로운 것을 하라고 말씀하신다. 모세는 반석에서 물을 얻는 것에 대한 것을 알고 있지 못했고 의심했다. 다만 하나님이 그에게 터무니없는 행동을 하라고 요구하셨다고 생각했다. 결국 모세는 자신들을 억누르는 압제자들의 발톱으로부터 이스라엘 백성들을 해방시켰으며 지팡이로 홍해를 둘로 가르는 기적 등을 행하였다. 그러나 이제 그는 완전히 다른 무엇인가를 행하도록 도전 받았다. 하나님은 모세에게 반석을 치라고 하셨고 만일 그가 순종하면 물이 반석으로부터 나올 것이라고 말씀하셨다.

모세가 천천히 반석으로 걸어가 그의 지팡이를 들었을 때 이미 어떤 사람들은 모세를 미쳤다고 하기 시작했다. 그는 잠시 멈췄지만 갑자기 결단력과 정확함으로 바위를 내려쳤다(출 17:1~7참조). 물론 모세는 이것을 전에 해본 적이 없었기 때문에 근심과 싸워야 했다. 그리고 분명한 것은 이러한 기적이 이전에는 일어난 적이 없었다는 것이다. 이것은 모세가 더 높은 수준의 믿음–노력, 갈등, 그리고 끈기를 요구로 하는 알려지지 않은 믿음–이 필요했음을 보여준다.

당신의 삶의 과정 가운데 친숙하지 않은 무엇인가를 처음으로 행할 때 당신이 초조하며, 걱정하며, 그리고 경직되었던 것을 기억하는가? 그러나 일단 당신이 여러가지 갈등들을 극복하고 성공했다면, 다음에 당신이 비슷한 일을 하도록 요구되어졌을 때, 그것을 할 수 있도록 적응 한 것을 발견했을 것이다. 이전에는 신비롭고 알려있지 않은 것을 이제는 쉽게 처리할 수 있게 된다.

당신이 처음 자동차를 운전했을 때를 기억하는가? 이것이 활력을 주고, 두렵게 만들고 그리고 대담하게 만든다. 그러나 아마도 현재는 몇 년이 흐른 뒤, 당신의 환경에 대해서 친숙함을 가지게 되었을 것이다. 이제 더 이상 당신은 거북이처럼 운전하지 않을 것이고 옆으로 지나치는 차와 부딪힐까봐 걱정하지 않을 것이다. 이제 당신은 아무런 믿음을 요구하지 않고 차를 운전하게 되었다.

1978년 내가 제인과 결혼했을 때 우리는 거의 바로 아이를 갖기로 계획했다. 몇 달 후에 제인은 우리의 첫째 아이를 임신하게 되었다. 우리가 병원에서 퇴원할때 아기가 깨어나지 않게 하기 위해서 굉장한 주의를 기울여야 했다. 우리는 아기를 차에 실었고 차를 40Km로 저속 운전하며, 속도를 더 감속함으로서 다른 차를 운전하는 사람들을 짜증나게 만들었다.

다른 운전자들은 우리 차에 갓난아기가 타고 있고, 아주 작은 충격이라도 그 아기를 다치게 할 가능성이 있다는 것을 알지 못하단 말인가? 우리는 아이처럼 약삭빠르게 우리의 운전 속도를 맞춰서 조정하는 것을 배웠다. 우리의 두 번째 아이가 태어났을 때 조심하여 운전하는 것은 매우 익숙해졌다. 왜냐하면 우리는 아기를 태워 정상적인 속도로 운전하는 것에 친숙해졌기 때문이다.

일단 당신의 믿음이 역사하게 되면, 그 영역 안에서 움직이는 것에 대해 두려워하지 않으며 스트레스를 받거나 감정적으로 힘들지 않게 된다. 대신에 믿음을 성취하는데 훨씬 수월해지고 빨라진다. 왜냐하면 당신은 더 이상 내부적인 의심과 두려움으로 인해서 힘들어 하지 않고, 경험과 담대함으로 영감을 얻기 때문이다.

모세가 그 반석을 친 후 물이 솟아나는 결과를 본 후에, 그의 역할은 끝이 났고 하나님은 그에게 더 높은 차원의 믿음으로, 알려지지 않은 곳으로 움직일 것을 요구하셨다. 당신은 이미 알고 있는 것으로 절대 만족함을 얻지 못할 것이다. 하나님은 당신을 알려지지 않은 곳으로 인도하시기 때문에, 하나님의 말씀을 들을때 당신은 무척 흥분 될것이다.

모세가 이스라엘 백성들을 약속된 땅으로 인도하는 여정 가운데, 다른 문제가 발생하였다. 물이 없었다. 이번에는 하나님이 모세에게 "너희는 반석에게 명령하여 물을 내라"라고 하신다. 모세는 반석에 명령해 본 적이 없었다. 그리고 그는 그에게 친숙했던 방법을 사용하기로 결정했다. 그는 반석을 내려 쳤으며 그의 행동을 하나님이 기뻐하지 않으셨다(민 20:1~13 참조). 왜 그랬을까? 하나님은 모세에게 반석에게 명령하라는 더 높은 수준의 믿음을 요구하셨다. 무슨 이유인지는 모르겠지만 모세는 그의 안정적인 영역 안에 남아있기로 결정하고, 그가 생각한 최선의 행동을 선택함으로서 하나님을 잘못 대표 하였다. "믿음이 없이는 하나님을 기쁘시게 못하나니…"(히 11:6).

모세가 그 반석을 내려치는 데는 많은 믿음이 요구되지 않았는데, 그 이유는 그가 이전에 그렇게 한 경험이 있었기 때문이다. 그러나 반석에 명령하여 물을 솟게 하는 것을 모세는 잘 알고 있지 못했다. 만약 모세가 순종하였다면 하나님은 기뻐하셨을 것이다.

예언적인 말씀은 어두운 곳에 비추는 빛과 같다. 이것이 하나님의 말씀이다. 그러므로 당신이 직면하고 있는 문제들을 바라보고 있는 당신의 관점을 하나님이 변화시키도록 허락하라. 당신이 가지고 있는 문제에 대한 인식이 변화될 때 모든 것이 이것과 함께 변화될 것이다. 당신이 가지고 있는 인식의 변화가 당신을 완전하게 변화시킬 것이다.

이것이 기도가 필요한 이유이다. 기도는 사물들을 변화시키지 않는다. 기도는 당신을 변화시키고 당신이 사물을 변화시킨다. 기도가 당신을 변화시키고 당신의 환경에 대한 인식을 변화시킬 때, 모든 것을 쉽게 극복할 수 있게 된다. 이것이 역사하는 방법이다. 이것이 예언적인 말씀이 역사하는 것이다.

※ 각주

1. 아브라함 헤셸, Breathing On Your Own by Richard Kehl에서 인용됨 (씨애틀, 와싱턴:Darling & Company, 2001).
2. Richard Stone, quoted in Valeria Manferto De Fabianis, ed., Children(Vercelli, Italy: White Star S.P.A., 2006).

Call Me Crazy

7.

하나님은 당신의 세계에 계신다

초자연적인 미래의 빛은 일부 독점 그룹이나 특정 문화에 의해서 제한 받지 않는다. 그리고 교회나 다른 종교 기관 안에 숨겨져 있는 것도 아니다. 역사를 통한 많은 인물들의 삶은 열방을 축복하기 원하시는 하나님의 계획을 예증해주며, 우리를 종교적인 형식이 만들어낸 상자 밖으로 나아오게 도와준다. 불행하게도 오늘날의 너무 많은 영적 지도자들이 개인이 가진 사명의 배경 안에서 하나님과 신적인 교통의 중요성만 인정하고, 하나님의 절대적인 조명하심이 필요한 더 큰 세계에서 하나님과 소통하는 대화가 필요하다는 것을 깨닫지 못하고 있다.

누구든지 등불을 켜서 그릇으로 덮거나 평상 아래에 두지 아니하고 등경 위에 두나니 이는 들어가는 자들로 그 빛을 보게 하려 함이라 (눅 8:16)

이 세대 가운데 하나님을 정확하게 깨닫고 따라가는 자들은 모든 인류를 위해 이 세상을 더 나은 곳으로 만들어 가려고 헌신한 사람들이다. 이 세상속으로 역사하시고 침노하시는 하나님은 어떤 종교적인 시스템 체계도 능가하시며, 하나님의 경이로운 신비를 나타내고자 자신을 드릴 정도로 용기있는 자들을 위해서 셀수 없는 무한한 유익을 예비하셨다.

오늘 날 하나님은 세상 가운데 그 분의 목소리가 될 사람들을 일으키고 계신다. 자신을 선지자라고 부르는 것이 꼭 필요하지 않다는 사실을 이해하는 것은 매우 중요한 일이다. 그리고 때때로 자신을 선지자로 부르는 것이 당신으로 하여금 그것이 어떠한 영역이든지 상관없이 당신의 문화에 영향을 미치는 것을 방해하기도 한다. 하나님은 선지자로 부름을 받은 사람들에게만 말씀하시는 것이 아니라, 우리 모두를 통해서 우리 모두에게 말씀하신다. 비록 모든 사람들이 시작은 미비하지만, 당신은 종국적으로 중요한 것을 행하기 위해서 이미 알고있는 것을 뛰어넘어 그 이상을 바라보아야 한다.

당신의 세상에 효과적으로 영향을 끼치기 위해서는, 구체적이고 실제적으로 사고 해야 하며 종교적인 영역에서 뿐만 아니라, 비즈니스 영역에서도 하나님의 음성을 듣고자 하는 사람들을 볼 수 있어야만 한다. 성경은 이러한 당신의 실제적인 필요를 채워주는데, 선지자들이 받은 영감으로 해답을 찾았던 성경의 예화들은 재정이나 치유, 국가의 경제적인 변화등과 같은 매우 다양한 분야에서 당신에게 도움을 줄 수 있다.

다음은 보통사람에게는 정신 나간 것처럼 보이는 몇가지 예화가 있다.

- 이삭은 하나님이 흉년이 있는 동안 이집트로 내려가 도움을 받지 말고 자신의 땅에 머무르라는 말씀을 받은 후에 순종하여 번영하게 되었다.(창 26장 참조)

- 야곱은 자신을 부자로 만들어 줄 음모를 꾸미고 있던 장인 라반과 사업적인 계약을 맺는다. 라반은 야곱에게 아롱진 것과 점이 있는 모든 가축을 그가 20년간 일해준 대가로 주기로 동의한다. 야곱이 라반의 가축을 돌보고 있는 동안 하나님에 의해서 영감을 받은 그는 무모한 생각을 하게 되는데, 껍질 벗긴 가지를 교미하는 동물들이 있는 땅에 놓았고 그로 인해서 건강하며 아롱지고 점 있는 가축들이 태어나게 되었다. 반대로 라반에게는 약하고 값어치가 나가지 않는 가축들만 넘어가게 된다. 야곱은 풍부한 그 이상의 것을 얻게 되었다. (창 30장 참조)

- 모세는 마실 수 없는 물의 근원을 정수하여 사람들이 마시도록 나무 하나를 사용했다. (출 15장 참조)

- 시리아가 이스라엘을 공격했을 때 선지자 엘리사는 그에게 주어진 은사를 사용하여 시리아 왕의 계략들을 들었고, 그 정보를 전쟁에서 승리하고자 이스라엘 왕과 나누었다. (왕하 6장 참조)

- 사울은 아버지의 나귀를 찾고자 도움을 구하려고 선지자 사무엘을 찾아갔다. (삼상 9~10장 참조)

- 선지자 이사야에게 죽어가고 있는 왕을 위해서 치유의 해답이 주어진다. 이사야는 뭔가 무모한 일을 하는데 그것은 영감의 순간에 그가 들은 것이었다. 그는 죽어가고 있는 왕의 상처에 무화과 열매의 혼합을 올려 놓았다. 이러한 무모한 행동으로 인해서 그 왕은 회복되었다. 하나님은 당신에게 하나님의 원리를 적용할 수 있는 방법을 주신다. (사 38:21 참조)

- 예수님은 세금을 바치는데 필요한 돈을 얻고자 베드로를 바다로 보내셨다. 그가 잡은 물고기에서 두 사람 모두를 위해 낼 충분한 돈이 나왔다. 베드로는 살아계신 말씀에 의해서 하도록 명령한 일을 해야만 했다. 이것은 무모한 일이었지만 베드로는 순종했고 보상받았다.(마 17장 참조)

성경에는 귀중한 통찰력(insight)을 받은 사람들이 누렸던 유익에 대한 많은 예들이 나와 있다. 인류를 향한 하나님의 선하신 계획은 결코 변함이 없다. 그러나 하나님의 방법은 바뀐다. 하나님이 과거에 주셨던 방법을 사용했을 때, 기적이 일어나지 않을 수도 있다. 하나님이 주신 방법이 당신의 세상에 적용될 때 초자연적인 개입이 일어나게 될 것이다. 하나님은 오래된 원리에 적용하려고 옛날 방법을 사용하실 필요가 없다. 하나님은 한 세대와 문화를 위한 새로운 방법들을 갖고 계신다. 다른 문화에서 한 사람에게 역사했던 것이 당신의 독특한 세계와 시간 안에서 반드시 역사해야 하는 것은 아니다.

우리는 하나님의 형상을 따라 지음 받았으며, 내가 생각하기로는 하나님이 역사하시는데로 모험적인 시도를 하는 것을 두려워하는 것은 그 분을 잘못 대변하며 모욕하는 것이다. 하나님은 혁신적인 분이다. 혁신적이란 것은 '시대에 앞서가는', '한 주제에 대한 진보된 의견' 이나 '이전에 만들어 진적이 없거나, 경험하지 못했거나, 혹은 이전에 없었던 무엇을 생산하는 것' 이란 의미가 담겨있다. 당신은 혁신적이고 독창적인 마음을 소유하고 있다. 무모하고 미쳤다고 불리는 것을 두려워하므로 당신의 마음을 낭비하지 말라.

하나님이 땅의 흙을 취하여 그것에 생기를 불어 넣으시고, 말씀하시자 살아있는 사람이 창조된 무모한 일을 하셨을 때, 천사들은 과연 무슨 생각을 했을까? 생물(living being)은 "지속적으로 존재하는 상태"라는 의미가 있다. 당신은 지속적인 존재의 상태로 살고 있는가 아니면 활기가 없는 상태인가? 만일 당신이 후자의 삶을 살고 있다면 두려움, 권태, 분노와 후회 가운데 살아가고 있는 90%에 속해있다. 반대로 나머지 10%만이 신선함, 열정, 빠른 지각과 기대감 가운데 살아간다. 어떻게 그렇게 살아 갈 수 있을까? 왜냐하면 그들은 도전하는 것을 사랑하기 때문이다. 또한 그들은 위험을 감수하고 있다는 말이다.

앞서 본 것처럼, 당신이 하나님의 음성을 들을 때 그것이 이 땅에서 당신이 편안한 삶을 사는 마지막 날이 될 것이지만 얼마나 멋진 일인가? 만일 당신이 지속적인 존재의 상태로 살아가지 않는다면, 당신은 하나님의 음성을 듣지 못할 것이다. 그리고 당신은 편안한 영역의 삶을 잃어버리는 것을 두려워하게 될 것이다. 활기가 없는 삶을 살아가는 사람은 새로움을 잃어버렸다. 영적인 계시로 영감을 얻으며 행동하는 사람에 대해서 내가 느끼는 것은 그들에게는 새로움이 있다는 것이다. 새로움이란 당신이 독특하고 신선한 공기를 운반한다는 의미이다. 오늘 날, 반복과 복제가 대부분의 인간들의 삶을 사로잡게 되었다. 그렇기 때문에 독특함이 필요하다. 새로움이 닳아 졌을 때 위험한 도둑이 침입하여 사람들의 예지적인 능력을 훔쳐간다. 당신은 새로운 존재이다.

모험가, 관리인, 그리고 장의사

세상에는 세 가지 종류의 사람들이 존재한다-모험가, 관리인, 그리고 장의사들이다. 우리 모두는 세 가지 종류중 하나에 속한다.

장의사들은 당신이 아무것도 하지 않을 것이라는 사실을 알고 있기 때문에 당신의 무덤을 이미 파놓았다. 그들은 하나님이 하시는 것을 땅에 파묻으려는 회의론자들이다. 이러한 사람들이 하나님은 더 이상 아무에게도 말씀하지 않으시며, 하나님의 음성은 오늘날을 위한 것이 아니라고 이야기한다.

관리인들은 항상 당신이 하는 일을 상관할 것이다. 그들은 아무도 그들에게 부탁하지 않은 것들을 해결하려고 한다. 그들은 교회와 세상에서 사람들이 하는 일이 잘못되었다고 판단하는 재판장들이다. 그들은 누가 이단이고 누가 거짓 선지자인가를 결정한다. 그들은 세상을 변화시키지 못한다. 그들은 세상을 비판할 뿐이다. 그들은 결코 위험을 감수하지 않는다. 그들은 그들 자신의 높은 망대에서 안락하게 살아간다.

그리고 모험가들이 존재한다. 그들은 장의사와 관리인이 살아가는 세상에서 살지 않는다. 그들은 개척자들이다. 물론 그들이 실수는 하겠지만 그들은 역사를 만들어 갈 것이다. 베드로는 실수 했다. 그러나 다른 제자들이 배 안에 머무는 동안 그는 물위를 걸었다. 베드로는 그의 눈을 그리스도에게 집중한다. 그가 알지 못하는 곳으로 발을 내디뎠을 때 그의 시각은 분명해졌다. 물론 그가 곧 이어서 물에 빠졌다는 것을 나는 알고 있다. 하지만 베드로는 물위를 걸은 유일한 사람이다. 하나님은 모험가들을 사랑하신다.

나는 예전에 방문한 교회에서 관리인들과 장의사들을 만났다. 내가 도착했을 때, 즉시로 무엇인가 잘못되었다는 것을 알게 되었다. 나는 모든 지도자들이 앉아있는 강당의 뒤로 들어갔다. 그들은 나에게 앉으라고 말했고 나에게 미래에 대해서 예언할 수 없다고 통보했다. 나에게는 오직 이미 일어난 일들에 대해서만 말할 수 있도록 허락되어졌다. 그들이 정말 말하려던 것은 내가 사람들의 과거와 현재에 대해서는 말할 수 있지만, 그들은 내가 위험하고 신비스러운 미래를 예언하는 것을 원하지 않았다. 나는 "당신들은 내 안에 존재하는 계시의 일부분을 빼앗아 가려고 합니다"라고 말했다. 나는 그들에게 최선을 다해서 그들의 말을 따르겠다고 말했지만, 속으로 화가 났고 약탈당한 느낌이었다.

다음 날 아침 말씀을 시작하기 전에, 나는 "하나님 어떠한 충돌 없이 이 사람들에게 말씀을 전하고 이곳을 떠나갈 수 있도록 해주세요"라고 기도했다. 예배가 거의 끝나갈 무렵에 하나님은 최근에 손녀를 잃어 버렸고 절망 가운데 있던 한 남자를 보여주셨다. 나는 내가 할 수 있도록 허락되어진 것에 반하는 것을 할 수 밖에 없었지만, 나는 하나님의 말씀에 충성해야만 했다. 그래서 나는 "여기에 최근 손녀가 실종된 사람이 있습니다"라고 말했고, 그 남자가 그의 부인과 함께 복도로 걸어 앞으로 나아왔다. 내가 그들 앞에 서서 "나는 당신이 19명의 손자들이 있는 것을 봅니다. 그 중 한 명이 실종되었고 그녀의 이름은 제닝입니다" 그 남자는 내가 전한 말씀의 정확성으로 인해서 울기 시작했다. 그리고 그는 제닝에 대해서 내가 말하는 것을 듣고자 필사적으로 나의 손을 잡았다. 모든 사람들 앞에서 나는 "그러나 나는 더 이상 당신에게 아무 말도 할 수 없습니다"라고 했다.

그날 밤 나는 예배가 진행되는 동안 내가 과거와 현재로부터 본 것들을 이야기했지만, 미래에 관련된 것은 아무것도 드러내지 않았다. 제한을 받는 것이 나에게는 무척 힘든 것이었지만 나는 위험을 감수하기로 결정했다. 나는 한 여성을 불러내어 "하나님이 당신이 유방암에 걸렸고 얼마나 더 살 수 있는지를 알기 위해서 내일 검사를 받으러 가는 것을 보여 주셨습니다" 그녀는 반응했고 내가 이야기 한 것이 정확하다고 확증해주었다.

나는 돌아서서 이제 내가 다음에 할 행동으로 인해서 그들을 화나게 만들 것이라는 것을 인지하며 종교적인 지도자들을 바라보았다. 나는 그 여인을 돌아보며 "그 결과는 당신에게서 아무런 암의 흔적도 찾지 못할 것이라고 나올 것입니다"라고 말했다. 사람들이 환호하기 시작했고 그 여성과 함께 기뻐했다. 그녀에게 소망이 주어진 것이다. "소망이 더디 이루어지면 그것이 마음을 상하게 하거니와…"(잠 13:12) 만일 마음이 병들었다면, 당신의 몸도 병들게 될 것이다.

우리는 사람들에게 소망을 주어야 한다. 나는 가짜 소망을 이야기 하는 것이 아니다. 나는 단순히 이것이 확실한 말씀이었다는 것을 알고 있다고 이야기 하는 것이다. 나는 그냥 알게 되었다. 다음 날 아침 나는 지도자들과 함께 아침식사를 했다. 그리고 그들은 암에 걸린 여성에게 주었던 예언의 말씀에 대해서 무자비하게 비판하기 시작했다. 나는 그들에게 마지막 밤에는 절제함을 유지하겠다고 이야기 했다.

그래서 마침내 마지막 밤이 왔고, 집회가 시작되었다. 내가 피아노를 향하는 순간 교회 뒷문이 열리며, 한 여성이 거기에 서서 무엇인가를 흔들고 있는 것을 보았다. 나는 그때 그 사람이 누구인지 전혀 알지 못했다. 그러나 그 여성이 단상으로 걸어 나오면서 지난밤에 암에 대해서 예언해 주었던 그 사람임을 깨달았다. 나는 이것이 좋은 소식이라는 것을 알았다. 그녀는 앞으로 달려 나왔고 그녀의 팔 전체에 엔진 오일이 묻어있는 것을 보았다. 그녀는 숨도 쉴 사이도 없이 "나는 이곳으로 오려고 한동안 시도했었는데 차바퀴에 펑크가 나서 혼자 그것을 교체해야만 했어요"라고 말했다. "이 종이를 받으세요! 이것을 보세요! 암의 어떤 흔적도 찾아 볼 수 없다고 나온 이 검사 결과를 보세요!" 내가 위험을 감수한 것을 하나님께 감사한다.

하나님은 전 시대를 통해서 가장 위험한 것을 감수하셨다. 이 세상에서 하나님이 가장 위대한 모험가이시다. 하나님의 일을 성취하시기 위해서 매일같이 당신과 나를 사용하시기로 작정하시고 위험을 감수하고 계신다. 하나님이 감수하신 위험들을 성경역사를 보며 한번 생각해 보라.

이스라엘 백성들이 홍해를 등지고 있었다. 그리고 빠져나갈 수 있는 길은 없었다. 바로와 그의 군대가 살인적인 분노로 그들을 추격하고 있었다. 하나님은 중재하시고 모세에게 말씀하셨다. 그에게 무엇인가 그들이 빠져 나갈 수 있도록 무모한 일을 하도록 말씀하셨다. 하나님은 모세에게 그의 지팡이로 바다를 치라고 말씀하셨고, 그들을 뒤쫓고 있는 원수들로부터 도망할 수 있는 마른 땅을 제공해 주셨다. (출 14장 참조)

다윗과 골리앗이 있었다. 골리앗은 경험이 풍부한 전사였고 훈련된 살인자였다. 그가 연약한 물맷돌을 가진 하나님이 선택하신 어린 목동과 마주하게 되었다. 다윗은 정말 무모하고 미친 짓을 한다. 그는 칼 대신 조약돌 하나를 사용하여 그 과업을 완수한다. (삼상 17장 참조)

전쟁으로 나아가는 대부분의 장군들은 가능한 많은 보병을 보유하기를 원한다. 그러나 하나님은 기드온의 군대를 32,000명에서 300명으로 줄여 버리신다. 그리고 하나님은 그들에게 지시하여 횃불과 항아리를 가지고 싸우라고 명령하신다.(삿 7장 참조) 하나님은 갑자기 나타나셨다가 사라지는 것을 좋아하시고 모든 명예를 취하신다. 하나님은 인간의 이성이 틀리다는 것을 증명하시기를 좋아하신다.

이탈리아 시인인 안토니오 폴키아는 "땅에 발을 단단히 박은 사람들은 자주 그들의 바지 벗는 것에 어려움을 느낀다"라고 했으며 소설가인 아나이스 닌은 "만일 내가 나의 세상을 창조했다면 나는 확실하게 다른 사람들이 창조한 세계에서는 죽었을 것이다"라고 말했다.

점령하는 관점과 상황적 관점

점령하는(occupational) 관점은 당신이 그곳에 이미 도달했다고 생각하며, 그곳을 다스리고 통제하려는 계획으로부터 바라보는 것이다. 점령적인 관점을 가지고 있는 사람들은 다른 사람들이 보지 못하는 가능성을 보는 용기를 소유하고 있다. 이것은 그러한 놀라운 사람들이 가지고 있는 의식적인 태도이다. 그들은 큰 변화에 대해서 놀라워하며 무엇인가 중요한 것이 일어날 것을 기대한다. 그리고 그들은 그 중요한 것에 집중하고 그것으로 인해서 경험하게 될 위험에 대해서는 생각하지 않는다. 그 사람들은 무엇을 잃어버리는 것을 더 큰 유익을 위한 투자라고 생각한다. 상황적인 관점은 당신의 환경을 바라보며, 당신 자신을 그 상황 안에서 바라보며 스스로를 제한한다. 상황적인 관점에서 바라보는 사람들은 그들의 자연적인 시각이 자신에게 밝혀주는 것에 의해서만 인도함을 받는다.

상황적인(situational) 관점을 유지하며 사업을 하는 사람들은 그 환경을 극복하고 일어서려 하지 않으며, 보통은 위대한 성공을 일구어 내려는 생각을 포기한다. 그들은 그들 자신이 만들어 놓은 상자 안에서 머물기를 선택한다. 반면에, 점령하며 다스리는 관점을 가진 사람들이 존재한다. 그들 역시 도전적인 것들이 그들을 둘러싸고 있지만, 기회를 잡는 것과 그들에게 주어진 기회들을 탐험하러 극단으로 나아가는 것을 두려워하지 않는다. 그 사람들은 성공에 집중하며 다른 사람들이 하지 않는 것을 한다. 그들은 보통 평평한 길로 여행하지 않는다.

점령적인 관점을 가지고 있는 사람들은 그들이 선택한 영역 안에서 새로운 통로를 개척한다. 예수께서 승천하시기 전 마지막으로 우리에게 명령하신 것은 우리로 하여금 취하라고 하신 것이다. 주님은 우리로 하여금 예수께서 돌아오실 때까지 앉아 기다리는 것을 원하지 않으셨다. 주님은 우리로 하여금 바쁘게 점령하기를 원하셨다.

하나님은 우리로 하여금 사업, 정치, 과학, 의학, 스포츠, 음악, 연예 그리고 가족과 같은 세상의 모든 영역에 있어서 중대한 공헌을 하기를 원하신다. 하나님이 누구를 사용하기를 원하시겠는가? 적어도 위의 영역들 중 하나에 영향을 미치도록 당신은 선택되어졌다.

나는 전 세계에 있는 사람들과 모든 사람들의 삶을 도울 수 있도록, 하나님의 말씀을 전하는데 사용되는 특권을 누렸다. 나는 또한 어떤 특정한 그룹의 사람들, 나라들 그리고 심지어 세상에 중요한 말씀을 전달하도록 위임받았다. 오늘 날, 우리는 여러 예언들이 성취되어지는 표징들을 뉴스와 인터넷, 텔레비전 그리고 전자메일을 통해서 추적하고 있다.

2005년에 나는 미국을 놀랍게 도울 수 있는 새로운 에너지 'Big E'에 대한 발견에 대해서, 하나님이 주신 비밀을 나누는 특권을 누렸다.

새로운 에너지 'Big E'

2005년 5월 22일 텍사스 댈러스에서 허리케인 카트리나에 관해 예언을 한지 정확히 2달 후에, 나는 새롭게 등장하게 될 새로운 에너지원에 대한 예언을 했다. 다음이 그것에 대한 예언이다.

2005년 5월 22일 댈러스

"하나님의 영이 말씀하시기를 너희는 여름 동안에 하나님의 엄청난 재정의 이동이 있게 될 표징이 있게 될 것을 알고 있는가? 너희들의 눈을 금에 집중하라. 너희들의 눈을 그 물질에 두라. 또한 너희들은 눈을 떠 석유에 관한 어떤 변화들이 있을 것인지를 바라보라. 너희들은 무엇인가 새로운 것이 나타나게 될 것을 보게 될 것이다. 이것에 투자하라. 너희 중에 투자자들은 주의해서 들으라. 이것은 석유가 아니다. 이것은 기름이 아니다. 이것은 무엇인가 더 안전한 것이며 하나님이 오늘 밤 그 비밀을 너희와 나누시기를 원하신다. 가서 연구하라. 나는 그것의 이름을 모른다. 하나님의 영이 이것을 나에게로부터 숨기셨다. 그러나 성령께서 나에게 말씀하시기를 석유나 가스가 아닌 혹은 네가 무엇이라고 그것을 부르든지 사용되어질 것이 나오게 될 것이다. 주님께서 말씀하시기를 이것에 투자하면 어떤 사람들은 14개월의 기간을 통해서 수백 만 불의 돈을 벌 수 있을 것이다. 이것은 E로 시작하는 것이다. 그것이 내가 받은 전부인데 주식시장이 열리게 될 것이다. 나스닥(NASDAQ)이 열리게 될 것

이다.”

이것을 돌아보면, 허리케인 카트리나가 미국의 걸프만을 지나간 파괴의 자취가 있기 전에 경제적인 성장과 새로운 에너지원에 대해서 예언했던 것을 보는 것은 흥미롭다. 이 태풍이 30개의 유전 굴착 플랫폼을 망가트려 9개의 정유소가 문을 닫게 되었으며, 미국 역사상 가장 막대한 재정적 손실을 일으킨 자연재난이라고 보고되어졌다.

비록 내가 논쟁을 불러 일으키는 많은 예언들을 했지만, 이번 새로운 에너지원에 관한 것은 특별히 투자자들에게 새로운 흥미를 불러일으킨 것 같이 보인다. 주님으로부터 주어진 말씀에 관한 비밀들은 마치 조각조각의 퍼즐과 같이 적당한 시간에 정확하게 맞춰지는 것처럼 계속해서 주어졌다.

“빅E”라는 것이 많은 관심의 대상이 되었기에 나는 당신에게 이 퍼즐이 주어진 시간적인 순서에 따라, 그리고 이것과 관련되어진 가능성이 있는 뉴스에 게재된 몇몇의 퍼즐을 보여주기 원한다. 그렇게 함으로서 당신은 나의 은사가 때때로 국가적으로 중대한 것을 가지고 오게 될 발견, 혹은 앞으로 일어나게 될 일들에 관한 것임을 볼 수 있을 것이다. 물론 이 모든 것들은 미국 전역에 있는 도시들의 대중 집회에서 선포되어진 것들이다.

2005년 9월 3일, 위티어 캘리포니아에서 나는 이 새로운 에너지원이 미국에서 나오게 될 것이며, 그리고 이것이 쓰레기, 땅, 종이, 이러한 것들을 먹는 미생물(곤충)로부터 나오게 될 것임을 보았다.

"이 나라 안에 사람들이 사용할 수 있는 에너지원이 있을 것이다. 이것은 쓰레기로부터 나오게 될 것이다. 이것은 땅에서 나오게 될 것이다. 이것은 종이로부터 나오게 될 것이다. 이것은 많은 것을 먹어 치우는 미생물로부터 나오게 될 것이다. 나는 많은 것들을 먹어 치우는 많은 미생물들을 본다. 하나님이 말씀하시기를 이것은 가장 정신 나간 것이 될 것이다. 사람들이 와우! 이것이 낭비되었다니! 이 미생물들이 우리의 엔진과 자동차가 움직이게 하는데 사용되는 것을 먹어치운다니! 나는 이 미생물들이 그것을 먹어 치우는 것을 보고 있으며, 바로 거기에 이것이 있다. 이것이 일어날 때 미국은 석유에 관해서 중동의 부를 능가하게 될 것이다. 그리고 이것이 차지하게 될 것이다."

2005년 9월 9일, 포틀랜드 오리건에서 나는 이것이 바위와 땅으로부터 나오게 되는 것을 보았다.

"사람들이 말하기를 오 당신이 석유와 경제가 살아나게 될 것이라고 말했다. 내가 이미 너희의 바위들과 땅으로부터 나와 사용하게 될 다른 것을 가지고 있을 때 석유를 찾겠는가? 너는 미국이 새로운 에너지원에 투자하도록 강요되어진 것을 깨닫고 있는가? 미국은 다시 한 번 개척자로서 움직이도록, 그리고 새로운 형태의 에너지를 창조하도록 이끌어지고 있다. 그리고 이것은 이미 거기에 있다. 이것은 바로 너희들의 발밑에 있다. 이것은 다른 곳에서는 나오지 않을 것이다. 이것은 중동에서 나오지 않을 것이다. 이것은 바로 이 나라의 땅에서 나오게 될 것이다."

2005년 9월 17일, 디트로이트 미시건에서 나는 일단 이 새로운 에너지원이 나오게 되면, 미국 경제의 적자를 해소하게 될 것이고 그리고 이것이 6년이라는 기간과 연결되어질 것이라는 것을 예언했다. 나는 또한 이스라엘과 숨겨진 기름이 연결되어진 것을 보았다.

"…이것이 앞으로 6년 동안 수천억 불에 이르는 누적된 적자를 해소하게 될 것이라고 하나님이 말씀하신다. 그리고 중동은 아직 석유가 필요하다고 말할 것이다. 그러나 미국은 더 이상 중동 국가가 아닌 이스라엘과 연계되며, '오 이스라엘의 숨겨진 것이 드러나게 될 것이다' 라고 주님이 말씀하신다."

2005년 12월 31일, 산호세 캘리포니아에서 나는 이 새로운 에너지원이 앨버트 아인슈타인이 발견하는 과정에 있었던 무엇과 관련이 있다는 것과 나스닥에서 최고의 상승세로 오를 것이라고 보게 되었다.

"…나는 나의 종들, 선지자들에게 투자할 장소를 보여줄 것이며, 어떤 이들이 이것은 아인슈타인 같이 무모한 것이지만, 아인슈타인이 발견한 무엇으로부터 나오게 될 것이다. 그러나 이것은 그에게 주어진 것이 아니었기에 나는 그를 옮겨야만 했다. 이제 새로운 에너지원이 나타날 시간이며 이것은 이 나라에서 시작될 것이라고 주님이 말씀하신다. 아인슈타인! 그러면 하나님은? 이라고 말하지 마라. 하나님이 말씀하시되 나는 기적을 창조하지만, 지금 어떤 이론들이 사실이 될 것이며 그리고 하나님이 말씀하시되, 사람들이 '우리가 무엇을 해야만 하는가?' 라고 말하며 무척 놀라게 될 것이다. 아메리카 적자는 없다! 아메리카 적자는 없다!…"

"나스닥, 너는 붕괴했다. 너는 다시 일어섰다가 다시 떨어졌다. 그러나 이제 역사상 가장 높은 상승의 시간이다. 주님의 비밀들을 들으라."

USA 투데이-나스닥 주식이 반등하며 5년 동안의 가장 높은 곳에 이르다

2006년 3월 29일 최신정보 오후 11시 25분

(맷 크랜츠)

나스닥 기술주가 33.32 포인트 상승, 혹은 1.4% 상승하여 2337.78 지난 5년간 가장 높은 상승으로 마감됨.[1]

USA 투데이-금값이 불안감을 감안하며 온스 당 700달러까지 상승

2006년 5월 10일 최신정보 오후 1:29

(존 왜고너 리포트)

금값이 달러화 가치의 하락과 국제 분쟁의 증가에 의해서 1980년 이후 처음으로 온스 당 700달러까지 상승.[2]

CBS-다우 존스 주식 지수 처음으로 12,500포인트 기록

뉴욕, 2006년 12월 27일(AP)

월가 주식이 한 해를 마감하는 구매자들의 폭 넓은 투자로 인해서 처음으로 12,500 포인트를 넘어 상승.[3]

Fox 뉴스-강한 경제지표로 인해서 주식 상승

2007년 7월 1일 금요일

정부의 한 보고에 따르면 새로운 고용창출로 5월달 기대한 것보다 강한 지표로 금요일 장시 출발하며, 다우 산업지수와 S&P 500은 7년 중 가장 높이 상승함. 미국의 생산업종도 상승하며 이러한 움직임에 도움을 줌.[4]

2006년 9월 10일, 할리우드 집회에서 나는 석유가 충분하기에 이것에 대해서 걱정하지 않아도 되며 우리는 빅E를 살펴보아야 한다는 음성을 들었다.

"…너희들은 말하기를 오일이 어쨌다고? 오일은 충분할 것이다. 우리는 오일에 대해서 이야기 하는 것이 아니다. 하나님이 빅E를 지켜보라고 말씀하셨다."

FOX 뉴스-기름값이 2006년 여름과 같이 높지는 않을 것이라고 정부관계자는 말했다

2007년 4월 10일 화요일

워싱톤-운전자들은 앞으로 기름 값이 상승하리라 예상 했지만, 지난 여름의 평균보다 낮은 상황이며 공급도 원활할 것이라고 정부관계자가 말했다.[5]

2006년 9월 16일, 러브랜드 콜로라도에서 빅E가 출현하게 될 시간과 다른 구체적인 것들에 대해서 계시되었다.

"…또 다른 것은 대영제국의 수상이 사임하게 될 것이다. 주님께서 말씀하시기를 그가 사임하게 될 때 이것은 징조가 될 것이다. 그가 사임하기 때문은 아니다. 이것은 무엇인가가 나오게 될 징조가 될 것이다. 대영제국으로부터 무엇인가가 나오게 될 것이다. 하나님이 말씀하시기를 무엇인가가 미국으로부터 나오게 될 것이다. 그리고 나는 그것들을 취하여 하나의 소리로, 하나의 목소리로 만들 것이다. 이례적인 부흥, 아주 이례적인 돌파가 일어날 것이라고 주님께서 말씀하신다. 석유의 위기가 점차 증가될 것이며, 그리고 연이어서 새로운 발견들이 있을 것이다. 그리고 하나님이 말씀하시기를 너희들의 에너지 위기가 그리스도의 몸에 번영을 가져오게 되며 끝이 나게 될 것이다. 그리고 인내로 기다리며 '하나님 나는 다니엘을 통해서, 요셉

을 통해서, 이사야를 통해서 그리고 과거의 선지자들을 통해서 약속해 주신 축복으로 나를 덮어주시기를 원합니다' 라고 기도해온 사람들에게 번영을 가져올 것이다. 나는 오늘 하나님의 왕국이 이 땅 가운데 임하는 곳인 바로 이곳 그리고 지금 이곳에 서있다."

FOX 뉴스-영국 수상 블레어 전격적으로 사임의사 표명

2007년 5월 10일 목요일

(AP통신 기자 파슬리 다드)

지난 9월 블레어가 목요일 날, 앞으로 있게 될 정당 지도자 선출을 위해서 이 여름의 끝에 사임할 것을 발표했다.[6]

2006년 12월 8일, 포틀랜드 오리건에서 나는 예언의 말씀을 선포했으며, 이것이 의학의 영역에 있을 또 다른 굉장한 발견과 관련이 있어 보였다. 돌파가 5월 혹은 6월에 있을 것이라고 선포했다.

"하나님의 영이 말씀하시기를 무척이나 이례적인 일이 어떤 창조적인 생각을 허락하지 않는 의학계에서 창조적으로 생겨나게 될 것이며, 일단 일어나게 되면 내년 5월 혹은 6월에 돌파가 있을 것이다. 그러나 너희는 어떤 것들을 보게 될 것이며 읽게 될 것이지만, 그것들에 귀 기울이지 말라. 그러나 나는 이미 위대하고 위대한 발견이 있을 곳, 신경학적인 분야에 존재하는 어떤 질환을 치유할 치유를 파송했다. 자폐아들을 주의 깊게 살펴보라. 왜냐하면 하나님이 말씀하시기를 자폐아동들, 만일 그들이 생존하면 그들은 이것으로부터 나오게 될 것이다. 그리고 발견이 있을 것이며 그들은 세상의 천재들이 될 것이다."

ABC방송–플로리다에 사는 남자가 암을 치료하는 기계를 발명하다

『2007년 2월 27일 11시 49분에 게시됨』

세니벨 아일랜드 플로리다–의학적인 훈련을 전혀 받지 않은 플로리다에 거주하는 한 남성이 그가 믿기로 암을 치료하는 기계를 발명했다.[7]

3월 1일에 63세가 되는 존 캔지우스는 펜실베니아의 과거 방송국 경영인이었는데, 그가 가진 물리학 지식과 라디오가 자신이 앓고 있는 질병인 암을 치료하는데 사용할 수 있을까를 생각해 왔다. 그는 세니벨 아일랜드에 있는 집 창고에서 중요한 의학적인 돌파를 가져오게 될 기계를 발명했다.

노트: 또한 2007년 5월 20일에 선포한 ABC–WPBF의 웹사이트 하단부에 게시된 예언을 살펴보라.

2006년 12월 31일, 산호세 캘리포니아에서 나는 광물들과 빅E에 대한 표징이 될 나무를 살펴보라고 예언했다. 또한 나는 미시건에 있는 한 자동차에서 발견한 것과 관련 있는 연결고리에 대해서 예언했다.

"경제계로 들어가기를 고대하고 있는 남자와 여자들은 두려워 말라. 더 이상 두려워 말라. 경제계가 열려지고 있다고 하나님이 말씀하신다. 나스닥, 나스닥, 너는 지금 네가 교만하여질 자리까지 올라왔다. 그러나 하나님이 말씀하시기를 이것은 하나의 표징이다. 이 나라의 경제가 성장할 것이며 이 땅의 나라들을 다스리게 될 것이다. 이 나라의 영적인 삶의 강력으로 인해서 달러화의 강세가 올 것이다. 주님의 영이 말씀하시기를 내가 월스트리트가 소유한 것을 취하는 것을 보라. 주님의 영이 광물들을 살펴보라. 심지어 내년에 너희들은 그것들의 가격이 상승하는 것을 보게

될 것이지만 두려워 말라. 나무를 보라. 왜냐하면 그 나무가 "E"와 함께 오게 될 증거가 될 것이라고 하나님의 영이 말씀하신다. 새로운 에너지원이 지금 빠르게 오고 있다. 분자 "E"가 새로운 에너지원으로서 지금 밝혀지고 있다. 미시간에 있는 자동차에서 발견한 그것을 우리는 이야기 해왔다. 사람들이 이것은 너무 간단한 것이라고 말할 것이다."

2007년 2월 2일, 시애틀 워싱턴에서 나는 사람들이 예상했던 것처럼 이것이 에탄올이 아니라는 것을 지적했다.

"새로운 에너지원이 갑자기 빈곳으로부터, 무로부터 그리고 고물로부터 나오게 될 것이다. 이것이 에탄올이라고 말하지 말라. 나는 너희들을 깜짝 놀라게 하려고 이 나라에게 보여줄 것이다. 마치 우리를 발톱처럼 움켜지고 있는 중동과 남아메리카가 우리는 그것들을 붙들고 놓지 않을 것이라고 말하지만, 하나님이 말씀하시기를 내가 그들을 떨어버릴 것이다."

2007년 2월 3일, 시애틀 워싱턴에서 나는 무엇인가 중요하지 않은 것이 세상을 위한 가장 위대한 에너지원이 될 것이라고 예언했으며, 또한 남 플로리다에서 무엇인가 중요한 것이 일어나고 있는 것을 보았다.

"무엇인가 중요하지 않은 사건에 의해서, 이 나라에 무엇인가 중요한 일이 일어날것이다. 하나님이 너희들의 먼지를 취하실 것이고 너희들의 쓰레기를 취할 것이고, 너희들의 흙을 취할 것이고 너희들의 중요하지 않은 미생물을 취하여서 세계를 위한 중요한 에너지원으로 만들 것이다. 남 플로리다에서 중요한 성령의 움직임이

있을 것이다."

2007년 2월 18일, 톨레도 오하이오에서 다른 조각의 퍼즐이 나에게 주어졌다. 나는 이 위대한 발견이 아인슈타인의 연구와 관련이 있는 것을 보았다.

"나는 미국의 대통령이 될 어떤 사람 앞에 서서 오일위기에 대해서 염려하지 말라고 말할 수 있다. 왜냐하면 하나님이 나에게 새로운 에너지원이 있게 될 것이라고 말씀하셨기 때문이다. 이것은 '빅E' 라고 불린다. '빅E' 가 무엇인가? 우리는 에탄올에 대해서 알고 있다. 하나님이 말씀하시기를 너희들이 발견하게 되고 아인슈타인으로부터 나오게 될 무엇인가 다른 것이 있다. 이 나라가 중동에게 너희는 너희의 석유를 가질 수 있지만, 먹고 떨어 져라 라고 말할 것이다. 왜냐하면 하나님이 나는 너희에게 알려줄 무엇인가 새로운 것을 가지고 있다고 말씀하셨기 때문이다."

2007년 4월 29일, 레세다 캘리포니아에서 나는 이것의 시간에 대해서 보았다.

"하나님이 말씀하시기를 너희가 새로운 에너지원이 나오게 될 것이라는 정보를 듣고 알게 되었지만, 많은 사람들이 말하기를 에탄올, 에탄올, 그러나 하나님이 말씀하시기를 내가 하는 것을 보라. 나는 무로부터 취할 것이며 그리고 무엇인가를 만들 것이다. 5월 달에 호의적인 교환이 있을 것이며 사람들이 발표할 것이지만, 하나님이 말씀하시기를 기뻐하라, 기뻐하라 왕의 자녀들이여, 이번 달에 나는 이전과는 비교할 수 없는 기회의 문을 열어놓을 것이다."

2007년 5월 4일, 나는 올랜도 플로리다 바다에서 발견되어질 엄청난 부에 대한 표징의 말씀을 예언했다.

"하나님의 영이 말씀하시기를 바다에 관해서 선포된 말씀을 가볍게 여기지 말라. 왜냐하면 거기에서 무엇인가가 벌어지고 있다. 복수가 바다에 있다. 물밑에서의 전투, 왜냐하면 엄청난 부가 물 밑 깊은 곳에서부터 나오게 될 것이다. 달이나 다른 행성… 하나님이 말씀하시기를 바다로부터 치유가 올 것이다. 그러므로 너희는 바다에서의 전투를 보게 될 것이다. 부패한 것이 드러나게 될 것이다. 엘리야도 사르밧에 있는 과부의 집으로 갔듯이 기름, 막대기, 흙, 이러한 모든 요소들이 이제 미국에 풍성함을 가져다 줄 것이다. 막대기, 흙, 기름, 물, 그리고 혼합이 이전에는 있지 않았던, 이전에는 일어나지 않았던 무엇인가를 가져오게 될 것이라고 하나님이 말씀하신다. 그리고 이 나라가 물, 기름, 흙, 이러한 혼합이 에너지를 가져올게 될 것이라고 말할 것이다. 그러므로 물에서 일어나는 전쟁터의 표징을 보아라."

2007년 5월 5일, 나는 올랜도 플로리다에서 바다에서 나오게 될 부에 대한 더 많은 것, 그리고 시몬 베드로가 물고기 입에서 동전을 발견한 이야기와 연결된 내가 본 상징들에 관하여 자세하게 말씀을 전했다.

"나는 나의 백성들의 번영 가운데 기뻐한다. 내가 시몬 베드로에게 물고기를 찾으라고 말했다. 그것은 그 고기 안에 부가 있기 때문이다. 그들은 싸울 것이지만 엄청난 부와 에너지가 사람들로 하여금 발견하지 못하도록 한 그곳에 있다. 왜냐하면 나는 오로지 나를 존경하는 나라에게 처음 열매를 갖게 할 것이기 때문이다. 너희에게 주어졌기에 너희는 존경을 받게 될 것이라고 주님께서 말씀하신다. 나는 문어의 상징을 본다. 이것은 별을 가지고 있고 이것 밑에 무엇인가가 있고, 그리고 이것은

일어나게 될 조짐이다. 두려워 말라. 왜냐하면 내가 이것을 너희에게 말하며, 나는 이 나라를 공격할 것들을 비웃기 때문이다.”

FOX 뉴스-심해 탐험가들이 역사상 가장 많은 보물을 가진 난파선을 발견하다

2007년 5월 18일

심해 탐험가들이 말하기를 지금까지 발견된 것 중 가장 많은 보물을 가지고 있는 난파선을 발견했다고 금요일 발표했다. 식민지 시대에 사용된 5천억 불에 상당하는 수백 수천 개의 은화와 금화가 애틀랜타 바다 밑에 가라앉아 있다.[8]

FOX 뉴스-스페인 정부 보물 사냥꾼들을 일요일에 조사하다

2007년 5월 20일 일요일

스페인 정부는 애틀랜타 바다 밑에 가라앉아 있는 5천억 불에 상당하는 동전을 발견한 미국 회사가 범법행위를 했을 가능성에 대해서 조사하고 있다고 일요일 뉴스는 보고했다. 탬파 플로리다에 본부를 둔 오디세이 해양 탐험은 금요일에 발표하기를, 식민지 시대에 사용되었던 수백 수천의 동전들이 포함된 난파선을 발견했지만, 그 배에 대한 자세한 사항이나 장소는 안전성을 이유로 밝히지 않았다.[9]

FOX 뉴스-난파 보물의 소유권을 주장하며 소문을 가져오다

2007년 5월 21일 월요일

역사상 가장 많은 보물을 소장한 난파선을 발견한 심해 탐험가들은 그들의 발견에 대한 반응이 굉장했다고 월요일 이야기 했다. 그동안 보물들에 대한 권리 주장이 그들에 대한 영화와 텔레비전 출현요청이 쇄도하면서 함께 나오고 있다.[10]

오디세이 해양탐험은 금요일, 그들이 오천억불에 상당한 오십만 개가 넘는 식민지시대의 금전과 은전을 회수했다고 발표했다. 탬파에 근거한 탐사를 주로 하는 이 회사는 난파선이 어디에서 발견되었으며, 그들이 회수한 동전들이 어떠한 것인지에 대해서는 함구했다.

"우리는 이 프로젝트에 세계의 관심이 집중되는 것을 보고 놀랐다. 그리고 이것이 난파선 탐험에 관한 공공의 관심을 집중시켰다는 우리의 믿음을 확증해 주었다. 나는 그러한 반응에 대해서 준비되어 있지 않았다"라고 오디세이 공동 설립자인 그레그 스템이 말했다.

2007년 산호세 캘리포니아, 나는 바다에서 발견된 큰 재물이 새로운 에너지원에 관한 표징이 될 것이라는 것을 보았다.

"하나님의 영이 말씀하시기를 이번 달에 이 선지자가 예언한 발견에 대한 것을 보아라. 나는 이 나라에 오게 될 보물들에 대해서 말했으며, 가장 기대치 않은 곳에서 보물들이 나올 것이다. 나는 물고기 입안에 있던 은화에 대해서 이야기 했다. 너희는 지금 이 순간에도 그 동전들의 발견이 일어나고 있다는 것을 깨닫고 있는가? 이것은 아무것도 아니다. 왜냐하면 이 나라 안에서 바다에서 발견한 보물로 인해 전쟁이 일어날 것이며 사람들은 이것을 위해서 우리는 싸워야만 한다고 말할 것이다. 하지만 이것은 오래가지 않을 것이다. 나는 다시 사람들이 이 나라로부터 가져가는 것을 허락하지 않을 것이다. 왜냐하면 이것은 너희들의 물속에 있기 때문이다. 나는 이것을 너희에게 준다고 하나님의 영이 말씀하신다. 사람들이 이것이 이전에는 일어난 적이 없다고 말할 것이다. 하나님의 영이 이제 바다를 보아라. 표징으로서 오게

되는 그 부를 보라고 말씀하셨다."

ABC-플로리다에 사는 남성이 물을 불로 바꾸는 기계를 발명하다

2007년 5월 24일 목요일

세니벨 아일랜드 플로리다-플로리다에 사는 한 남성이 우연히 미국에서 진행되고 있는 기름과 에너지 위기를 해소할 수 있는 기계를 발명했다.[11]

FOX 뉴스-콜롬비아가 미국 잠수부들과 보물을 놓고 싸우다

2007년 6월 3일 일요일

(요수아 굳맨)

보고타 콜롬비아-산 호세라는 스페인 갈레온선이 1708년 6월 8일에 영국 전함들을 지나쳐 콜롬비아 해변으로 도망하려고 했을 때 알 수 없는 폭발로 인해서 배가 현시세로 2억불에 달하는 금과 은 그리고 에메랄드와 함께 바다 속으로 가라앉았다.

"의심의 여지없이 산호세가 보물 난파선의 성배이다"라고 뉴포트 로드아일랜드에 있는 해군전쟁 대학 박물관 학장인 로버트 셈보롤라가 말했다.[12]

2007년 6월 16일, 산호세 캘리포니아에서 나는 이 책이 완성되기까지 가장 최신의 '빅E'에 대한 말씀을 선포했다. 하나님이 나에게 5개의 새로운 에너지원이 있음을 보여주셨다. 또한 태평양, 서부연안 또한 이러한 에너지에 관련된 위대한 발견을 나누게 될 것이다. 이것은 사람들이 땅, 바다, 공기, 돌고래, 고래, 그리고 문어에서 발견한 무엇과 연결되어질 것이다. 그리고 더 많은 것은…

"…하나님이 말씀하시기를 거대한 보물이 발견되어 질 것이다. 하나님이 말씀

하시기를 나의 백성들이 이것을 가질 것이다. 나의 백성들이 이것을 취할 것이다. 왜냐하면 감추어진 능력과 무엇인가가 발견되어질 것을 감추려는 노력 때문에 그들이 전멸되어져 왔다. 그것들은 엄청나게 숨겨져 왔다. 그러나 이제 내가 약속했듯이 다음 몇 달을 통해서 차례차례로 드러나게 될 것이다. 플로리다에서 이것이 시작되었지만 이제는 태평양, 서부연안에서 또한 큰 발견이 있을 것이다. 너희는 너희에게 오고 있는 돌파를 위해서 노력할 필요가 없다. 악전고투하는 것은 끝이 났다. 너희는 위로 올라갈 것이다 너희들은 밑으로 내려가지 않을 것이라고 주님이 말씀하신다."

"기적적인 것이 이제 곧 드러나게 될 것이다. 토니 블레어의 사임에도 불구하고 이것은 표징이다. 선한 사람, 이 나라의 친구로서 내가 사용한 남자. 그러나 하나님이 말씀하시기를 큰 E에 관한 표징이 있을 것이다. 빠르게 움직이며 가속이 있을 것인데, 이것은 미국이 갑자기 5가지 종류의 에너지원을 갖게 될 것이다. 한 가지가 아닌 다섯 가지. 왜 사람들이 관심을 가져야만 하는가? 선지자들이 예언하게 하라. 다섯 종류의 에너지원이 있을 것이다. 그리고 사람들이 우리는 이제 무엇을 해야 하는가? 우리는 너무 많은 에너지원이 있다고 말할 것이다."

"우리는 이런 방법으로 엔진을 디자인 하고 만들어야 하는가? 그리고 우리가 이러한 방법으로 비행기를 만들어야 하는가? 그리고 우리는 이것을 사용하지 말고 다른 것을 사용해야 한다. 그러면 공기는 어떠한가? 공기에 무엇이 있는가? 바다에 무엇이 있는가? 땅에는 무엇이 있는가? 공기에는 무엇이 있는가? 돌고래, 고래 그리고 문어에는 무엇이 있는가? 들으라! 미국의 하나님이 말씀하시기를 다시 똑바로 서는 것을 준비하라. 나는 먼저 나의 교회를 풍성하게 할 것인데, 왜냐하면 나는 너희에게 귀감(pattern)을 줄 것이기 때문이다." 이날 내가 말하기를 "나는 하나님의 왕국을

위해서 특허를 냈다 그리고 이것을 하나님의 사역을 위해서 사용할 것이며, 하나님의 역사가 가속화될 것이라고 말하는 의로운 사람을 발견할 때까지 감출 것이다."

당신이 볼 수 있듯이 새로운 에너지원에 대한 계시는 한 번에 나에게 주어지지 않았다. 심지어 지금도 내가 이 글을 쓰고 있는 순간에도 여전히 드러나고 있다. 조금씩 그 그림이 완성되고 있다. 내가 아는 것은 하나님이 나에게 말씀하셨고, 하나님이 이 위대한 나라를 축복하실 것이며, 그리고 이것으로부터 새로운 에너지원이 나오게 될 것이라고 말씀하신 것이다. 이러한 처음의 예언이 선포된 이래로 우리는 이것이 시작되는 표징을 보아왔다. 비록 새로운 에너지원에 대한 완전한 그림이 나에게 주어지지는 않았지만, 우리는 이미 이러한 예언을 토대로 직접 조사하여 이익을 남기는 투자를 한 사람들의 보고를 받았다.

이것이 당신에게는 무모하게 들릴 수 있다는 것을 알지만, 나는 하나님의 음성을 듣는다.

당신은 왜 하나님이 미국의 경제에 대한 것을 나누시는가라고 질문할 수도 있을 것이다. 4장에서 나는 선지자들이 민족들에게 축복이 되는 부름을 받았다는 사실을 이야기 했다. 축복은 하나님의 은총과 보호하심을 불러온다. 하나님의 계획은 나라들의 경제와 경제계를 튼튼하게 하는 것이다. 그러나 그러한 원인이 있어왔듯이 누군가가 반드시 이러한 영역들로 들어가야 하며 하나님의 목소리가 되어야만 한다.

요셉

요셉은 하나님으로부터 온 꿈을 통해서 이집트에 임할 기근을 극복 할수 있는 도움을 줄 능력을 부여 받았다. 비록 요셉은 그의 채색 옷에 대한 이야기와 하나님이 주신 꿈을 해석하는 능력으로 가장 기억에 남지만, 그가 그의 운명을 성취하는 통로로 가는 동안 자신의 형제들로부터 끔찍한 배신을 당했다. 젊은이로서 요셉은 위대함을 꿈꾸었다. 그의 형제들은 질투로 인해서 격노했으며 그를 죽일 생각까지 하게 되었다. 그러나 죽이는 대신에 노예로 그를 팔아버릴 결정을 했다. 이러한 비극적인 경험을 통해서 요셉은 이집트 감옥에서 갇히게 되었고 거기서 그의 여정이 시작되었다.

죄수들과 심지어 이집트의 왕실도 그들에게 영적인 통찰력을 제공하는 요셉의 은사를 인정했다. 곧 그는 은총을 입었고 감옥에서 풀려나 정부의 최고관직에 오르게 되었다. 그는 바로의 꿈과 이집트 경제에 대한 전략적인 상담과 통찰력을 제공했다. 성경은 우리에게 바로가 요셉을 총애했기에 이집트 땅의 모든 것을 다스릴 수 있는 권력을 허락했다고 말하고 있다. 바로는 요셉에게 그의 반지와 값비싼 의복과, 그의 목에 걸 금목걸이, 그리고 그 땅에서 타고 다닐 때 존경을 받을 수 있는 특별한 수레를 하사 받았다.(창 41장 참조)

기근 동안에 요셉의 형제들이 이집트로 양식을 구하기 위해 찾아왔고, 비록 그들은 요셉을 다시 만나게 될 줄은 예상하지 못했지만 그들이 배신한 형제의 은혜를 입은 자신들을 발견하게 되었다. 요셉은 형제들을 용서하였고 가족 안에서 회복이 일어나게 되었다. 지금 요셉이 다스리고 차지하고 있는 자리는 히브리 모든 민족들을 위한 공급의 원천이 되었다.

하나님은 이집트에서 한 목소리를 원하셨다. 하나님은 모든 것에 대한 답을 가지고 있는 사람을 그곳에 보내지 않으셨다. 하나님은 자신의 감옥동료와 이집트의 왕실 측근, 그리고 결국에는 자신의 가족과 민족을 돕도록 운명되어진 곳으로 한 발, 한 발 그의 길을 찾아가는 것을 발견한 사람을 보내셨다. 이 모든 것에도 불구하고 요셉은 고통을 받았다. 그는 점령하고 다스리는 관점을 가지고 있었으며, 그것이 그를 모든 이집트와 이집트 경제에 영향을 미치게 될 총리 자리에 올려놓았다.

요셉의 형제들이 그를 노예로 팔아버렸을 때, 그들은 실질적으로 기근으로부터 자신을 구원하게 될 그 목소리를 팔아버린 것이다. 곧 그들은 왕의 신분으로부터 노예로 전락해 버렸다. 하나님이 우리의 유익을 위해서 주신 것에 대한 가치를 우리가 잃어버릴 때 결과가 있다. 마찬가지로 당신이 하나님의 음성을 듣는 것에 대한 가치를 깨닫지 못할 때, 당신은 다스리는 존재에서 다스림을 받는 존재로 전락해 버린다. 그러므로 우리는 절대로 예언적인 목소리를 팔아 버리면 안 된다. 왜냐하면 이것은 과거의 시간보다 지금 이 시간에 더욱 절대적으로 필요한 것이기 때문이다. 요셉은 꼭대기로 올라갔는데 이것은 그가 위대한 사람이 되도록 운명되어졌기 때문이 아니라, 그가 어린 시절부터 하나님의 음성을 듣는 것에 대한 가치를 이해하고 있었기 때문이다. 요셉은 죄수의 침대에 누웠지만 수상으로 깨어나게 되었다. 그의 형제들은 그를 억누를 수 없었다. 그리고 아무도 요셉을 억누를 수 없었다. 당신이 당신의 인생에서 하나님의 음성을 높이 존중하며, 어디로 이끄시든지 따르기로 선택한다면 아무도 당신을 억누를 수 없다.

요셉은 자신이 속한 세상 경제에 영향을 끼쳤을 뿐만 아니라 또한 회복을 위한 도구로 사용 받았다. 그는 그의 영향력을 자신의 가족의 생명을 구하는데 사용했다.

일단 우리가 우리 자신의 운명을 성취하면, 우리는 우리가 점령한 곳으로 다른 사람들을 데려올 수 있게 된다.

다니엘

다니엘은 하나님이 바벨론 왕국에 침투시키는 데 사용한 선지자였다. 그러나 그는 그 문화를 대항하여 싸우거나 예언하기 위해서 보내심을 받은 것은 아니었다. 그의 은사와 은총이 나타나자 다니엘은 바벨론의 통치자가 되었다. 그의 이야기는 앗수르인들의 손에 의해서 이스라엘 왕국이 종식된 지 거의 100년 후로부터 시작된다. 느부갓네살왕이 이집트인들과 갈그미스의 두 번째 전투에서 승리한 직후에 유대인들을 강제로 이주시켰다.

여호아킴 재임 4년째 되던 해에 다니엘과 그의 세 친구인 사드락, 메삭, 아벳느고는 성전에서 사용하던 물건들과 함께 바벨론으로 이송되었다. 다니엘과 그의 세 유대인 친구들은 엄밀한 시험을 치른 후, 그들의 지식과 수려한 용모로 인해서 선택되었고 갈대아인과 바벨론의 왕궁에 조언 할 수 있도록 훈련되어졌다.

다니엘은 바벨론 왕을 섬기는 일에 선택되어졌다. 그리고 그에게 "벨이 왕을 보호한다"라는 의미의 '벨드사살' 이라는 갈대아인의 이름이 주어 졌다. 그러나 이 모든 것을 통해서 다니엘과 그의 세 친구는 열정적으로 그들의 영적인 유대 정체성에 헌신했다. 결국에 다니엘은 그의 분명하게 나뉜 이해관계로 인해서 바빌론 왕정의 심문을 받아야만 했다.

바벨론에서 다니엘이 받은 훈련은 그를 타락하게 하기 위함이 아닌 왕국을 섬기기 위한 일에 준비시키기 위해서 하나님이 허락하신 것이었다. 어떤 사람들이 이것을 타협이라고 하기도 하지만, 실질적으로 다니엘은 하나님의 인도하심을 절대적으로 필요로 하는 왕국을 위해 하나님의 목소리가 되기 위해서 준비되어지고 있었다. 다니엘은 훈련받는 기간 동안에도 자신을 구별했는데, 이것은 하나님을 향한 자신의 강한 헌신과 다니엘을 관리 감독하던 사람들로부터 은총을 입게 만들었다.

바벨론에서 3년 동안의 혹독한 훈련을 마친 후에, 다니엘은 그 당시에 이교도적인 지혜에 뛰어난 사람으로 알려지게 되었다. 그는 곧 순전한 예언적인 은사로 인해서 인정받았으며, 꿈을 해석하는 탁월한 능력을 보여주게 되었다. 다니엘은 은총을 입고 그의 은사를 증명하면서, 바벨론의 한 지역을 관장하는 통치자로 승진되었으며 모든 박사들을 감독하는 지위에 오르게 되었다. 다니엘이 바빌론의 왕, 모든 마술사들, 점성술사들, 점쟁이들, 그리고 갈대아인들에게 지혜를 제공하는 훌륭한 은사를 증명한 후에 그는 왕의 은총을 입게 되었다. 그리고 다니엘의 예언적 은사로 인해 그는 그들의 생명 모두를 구하게 된다(단 1~2장 참조).

다니엘은 자신이 취하도록 보내진 영토를 점령한 또 하나의 사람이었다. 당신은 이것을 상상이나 할 수 있겠는가? 다니엘은 바벨론을 위한 하나님의 선지자였다. 현대의 다니엘은 과연 어떤 모습일까? 그를 조종할 수 없는 종교 지도자들로부터 나오게 될 거절과 비난들이 어떠하겠는가? 그는 바벨론 왕국의 언어를 배웠고 뛰어나게 되었으며, 그리고 하나님께 충성됨과 동시에 다른 모든 사람들보다 10배나 뛰어났다고 성경은 기록하고 있다.

다니엘은 바벨론 왕국에 존재하던 문화 혹은 관습들과 대결하지 않았다. 그는 점령하는 관점을 가지고 있었고 그 영토를 점령했다. 당신은 당신의 문화로부터 자신을 분리할 필요가 없다. 당신은 진정한 조명과 영감을 가지고 있지 못하는 사람들을 넘어 뛰어나야 하며, 그들에게 하나님의 목소리가 되어야만 한다.

당신의 유전자에 있는 영원성

위대한 솔로몬은 하나님이 "사람들에게는 영원을 사모하는 마음을 주셨느니라"(전 3:11)라고 기록했다. 영원(Eternity)은 당신의 피로부터 흐르고 있으며 당신의 유전자 안에 간직되어있다. 다시 말하자면 인간은 무엇인가 영원한 것과 연결되기 전까지는 결코 만족할 수 없다. 당신 안에 존재하는 영원은 과거, 현재, 미래이다. 당신은 시간과 공간에 존재하지만 당신이 찾고 있는 것은 이미 당신에게 주어졌다. 당신이 기도하고 있는 것은 이미 응답되어졌다. 당신의 미래는 지금 이곳에 있고 당신은 지금 당신의 모습보다 훨씬 아름답다.

우리 각 사람은 우리의 시간과 공간의 제한 안에서 우리의 삶을 살아간다. 우리 모두는 시간이 가속화되어지고, 느리게 가는 것처럼 보이는 것을 경험하였다. 당신이 휴가를 떠났을 때에 시간이 살같이 빠르게 지나는 것을 경험하지 않았는가? 당신이 너무 즐거운 시간을 보내고 있었기에 당신이 알아채기도 전에 휴가가 끝나버렸을 것이다. 당신이 싫어하는 일을 할 때 시간이 마치 거북이처럼 느리게 가는 것을 또한 경험했을 것이다. 당신의 책상에 앉아 시계의 초침이 움직이는 것까지 보고 있었으며, 그리고 그 날이 결코 끝날 것 같지 않은 그러한 느낌말이다.

시간을 늦추거나 가속화 하는 것이 가능할까?

알버트 아인슈타인은 이것이 가능하다고 생각했다. 아인슈타인의 위대한 통찰력 가운데 하나는 시간이 상대적이라는 것을 깨달은 것이다. 다른 것과 비교해서 어떤 하나가 얼마나 빨리 움직이는가에 따라서 시간이 가속화 되거나 혹은 느려지게 된다는 것이다. 그는 움직임에 따라서 시간이 느려지는 것을 시간지연(혹은 시간 팽창)이라고 불렀다. 우리 삶의 움직임이 시간의 진보에 영향을 미치는 것은 참으로 흥미로운 일이다.

아인슈타인은 그의 삶의 마지막을 향해 가면서 과거, 현재, 그리고 미래 모두는 동시에 존재한다고 결론지었다. 그의 유명한 책인 상대성 이론(Relativity)에 그는 다음과 같이 기록하고 있다.

『시간과 공간의 4차원의 구조가 존재한 이래로 현재를 객관적으로 대표하는 그 어떤 차원도 존재하지 않는다. 일어남(happening)과 되어짐(becoming)의 개념들은 참으로 완전하게 중지된 것이 아니라 아직 알기 어려운 것이다. 그러므로 이것은 지금까지 3차원의 존재의 진화대신에 4차원의 존재로서 물리적인 현실로 생각하는 것이 더 자연스럽다.[13]』

아인슈타인은 현재(현실)는 시공간으로 나누어지지 않는 것이라고 분명하게 믿었다. 그렇기에 그는 지금 현재로서 우리가 경험하는 것을 과거와 현재, 미래로 분리하는 것을 완전하게 거부했다. 그는 과거와 미래 사이에 진정한 경계가 존재하지 않으며 오히려 하나의 존재라고 믿었다. 이러한 그의 믿음에 대한 가장 서술적인 증언은 그의 오랜 친구인 베소(Besso)가 사망했을 때 나오게 되었다. 아인슈타인이 베소의 가족에게 보낸 편지에 이렇게 말했다. "비록 베소가 먼저 세상을 떠났지만, 이것은 결코 문제가 되지 않습니다. 왜냐하면 우리 물리학자들은 비록 시공간의 분리가 믿을만한 것처럼 보이지만, 사실은 과거, 현재, 그리고 미래를 구분하는 것이 환상이라고 믿고 있기 때문입니다."[14]

상급

나의 여정은 쉽지 않았다. 때때로 원수들이 선지자로 하여금 그 상급을 보지 못하게 하며 장님이 되게 한다. 나는 절망을 경험한 때도 있었으며, 이것이 마치 내가 감당할 수 없는 핍박을 받고 있는 것처럼 보이기도 했다. 나는 하나님께 화를 내기도 했다. 나는 방으로 들어가 문을 잠그고 "하나님, 힘들어 죽겠어요! 도대체 어떤 상급이 있는 것입니까? 하나님이 약속하신 그 상급은 도대체 어디에 있습니까?"라고 말하기도 했다.

나는 여행을 많이 한다. 특별히 초기에 나는 자주 가족들과 떨어져 지내곤 했다. 때때로 가족을 집에 두고 떠나가는 것이 나에게 있어서 무척 힘든 일이기도 했다. 내가 여행한다는 사실로 인해서 화가 났었던 경우도 있었다. 나는 더 이상 여행하는 것을 원하지 않았다. 나는 지쳤으며 한 동안 포기하기를 원했었다.

그러한 시기에 나는 샌프란시스코에 가야할 일이 있었는데, 나는 가족과 헤어지는 것을 싫어했다. 나는 내가 집을 비우는 것이 교회사역을 위한 것이라고 말해서 가족들로 하여금 교회 때문에 내가 집을 떠난다고 생각하기를 원하지 않았다. 그래서 나는 항상 다른 사람들이 그렇게 하는 것처럼 일하러 간다고 말했다. 그 여행을 준비하고 있었을 때, 나의 둘째딸 제클린이 내가 설명할 수 없는 얼굴표정을 하고 있었다. 이것은 마치 내가 다시 떠나야만 한다는 사실을 믿을 수 없다는 표정이었다. 나는 집회 약속을 했고, 나에게 어떤 선택도 주어져 있지 않음을 알고 있었다.

나는 화가 난체로 공항에서 출발을 기다리고 있었다. 나는 집에 가고 싶었다. 그리고 나는 하나님의 음성이 나의 분노 가운데 침노하시는 것을 들었다. 나는 하나님이 "내가 너를 샌프란시스코로 보내는 이유가 있다"라고 말씀하시는 음성을 들었다. 나는 마치 기분이 상한 것처럼 말했다. "하나님 제발 다른 사람을 보내세요. 나는 더 이상 내 딸의 얼굴을 바라볼 수 가 없어요. 나는 지금 집에 있어야 해요."

나는 공항에서 오랫동안 기다렸다. 그리고 샌프란시스코로 출발하는 비행기에 탑승하라는 안내방송을 듣게 되었다. 나는 그곳에 앉아서 앞만 바라보고 있었다. 마침내 나는 내 이름이 몇 번 불리는 것을 들었지만 그냥 거기 앉아만 있었다. 결국 그 비행기는 나를 태우지 않고 출발해 버렸지만 나는 실제로 행복했다.

내가 돌아가려고 자리에서 일어섰을 때 어떤 여성이 내이름을 부르며 인사를 건네었다. 나는 갑작스러운 인사에 조금 불편했지만 인사로 답례했다. 그녀는 이렇게 말했다. "킴클레멘트씨, 당신이 2년 전 피츠버그에 왔을 때 나를 회중들로부터 불러내어 말하기를 내가 딸을 위해서 울고 있다고 말했었죠?" 나는 그때를 기억하지 못했다. 그녀는 계속해서 그녀의 딸이 16살이었고 집을 나갔다고 말해 주었다. "당신이 나에게 딸이 그 때 플로리다 키에 있으며 경찰들이 찾고 있는 동안 이틀 안에 집으로 돌아오게 될 것이라고 했어요. 이후 내 딸이 울면서 나의 품으로 뛰어 들어왔답니다. 우리가 재회할 수 있었던 것은 당신이 우리의 도시에 왔었기 때문이에요."

나는 공항에서 만난 그 여인과의 대화에서 커다란 감동을 받았고, 이러한 이야기를 해 준 것에 대해서 감사했다. 나는 결국 공항에 머물러 있기로 결정했고 샌프란시스코로 가는 다음 비행기를 타게 되었다. 하지만 나의 마음은 여전히 무거웠다. 그 날 밤 집회에는 2천명이 넘는 사람들이 참석하였고, 나는 내가 해야 할 일들을 해야 하는 것을 알고 있었다. 말씀을 전하고 있던 중 나는 하나님이 그 건물의 뒤쪽으로 가라고 말씀하시는 것을 들었다.

나는 하고 있던 것을 멈추고는 그 집회 장소의 뒤쪽으로 걸어갔다. 그곳은 굉장히 넓은 장소였고 마지막 줄에 한 젊은이가 앉아 떨고 있었다. 하나님이 말씀하시기를 바로 그 사람이다, 나는 그 젊은이에게 일어서라고 했지만 그는 싫다고 했다. 나는 이 청년이 종교를 무서워하고 있다는 사실을 알았다. 나는 나중에 누군가가 그 청년에게 선지자가 이곳에 오기 때문에 한 번 와보라고 초청해서 그곳에 오게 된 사실을 알게 되었다. 그가 종교를 두려워했지만 선지자가 무슨 이야기를 하는지 보기 원했기에 그곳에 오는 위험을 감수한 것이었다. 나는 그에게 나와 함께 단상으로 올라가자고 말했고, 이 밤이 바로 그 청년을 위한 밤이 될 것이라고 말했다.

나는 그를 앞으로 인도해 나갔고 그에게 하나님이 내게 알려 주시기를, 그가 후천성 면역결핍증에 감염된 사실과 의사들이 그에게 이제 3개월 정도밖에 살지 못한다고 말했음을 전달했다. 그는 울면서 무릎을 꿇었다. 나는 그의 죄에 관해서나 혹은 그 어떤 정죄도 하지 않았다. 나는 "하나님이 당신은 수천 명의 동성연애자들 앞에 서게 될 것이며, 어떻게 하나님이 당신의 삶 가운데 오셔서 당신을 만지셨는지를 그들에게 말해주게 될 것입니다"라고 말해주었다. 이것은 정말 아름다운 시간이었다. 그는 나를 껴안았고 울면서 그의 자리로 돌아갔다. 나는 사역을 마무리했고 하나님이 샌프란시스코에서 나를 통해서 하신일로 인하여 기뻐하며 가족이 있는 집으로 돌아왔다.

그날 이후 나는 이 청년에 대해서 더 이상 아무런 이야기도 듣지 못했고, 그 집회 후에 어떤 일이 일어났는지도 알지 못했다. 2년 혹은 3년 후에 나는 다시 샌프란시스코를 방문했고 나를 초청해 준 사람이 나에게 "킴, 당신이 단상으로 올라가기 전에 초대가수를 불러 노래하도록 허락해 주시겠어요?"라고 물었고 나는 긍정적으로 허락했다.

그들은 한 청년을 데리고 와서 노래하게 했다. 나는 그 사람이 누구인지 전혀 알지 못했다. 그가 노래를 시작하기 전 간증을 하였는데 약 2년 반전에 의사들이 그 청년에게 3개월 밖에 살지 못할 것이라고 진단했다고 나에게 말해 주었다. 친구의 초청으로 그는 마지못해서 오클랜드 캘리포니아에 위치한 교회를 방문했었다. 그가 그 집회에 아무런 소망도 없이 의사들이 그를 포기한 상태에서 참석하였고, 그가 교회에 다니던 사람이 아니었기에 교회가 그를 정죄할 것을 두려워하고 있었다고 이야기 했다.

그는 말하기를 단상위에서 설교를 하고 있던 남자가 그의 설교를 중단하고 내가 앉아있던 그 건물의 맨 끝으로 걸어와서, 나를 지적했으며 내가 살아서 수천 명의 동성애자들 앞에서 선포를 하게 될 것이라고 말해 주었다. 그 날 나의 삶에 말씀을 선포한 사람이 바로 '킴 클레멘트' 였다고 했다.

그 청년은 "클레멘트씨, 나는 당신에게 들려줄 노래가 있습니다. 그러나 내가 노래하기 전에 나는 당신에게 내가 루마니아에 가서 수천 명의 동성애자들 앞에서 말씀을 선포했다는 사실을 말해주고 싶습니다. 내 차례가 왔을 때 사람들은 내가 동성애자들의 권리에 대해서 이야기 할 줄 알고 있었지만, 나는 그들에게 내가 노래를 해도 되냐고 물어보았습니다. 사람들은 환호했고 나는 예수님에 대해서 노래했습니다. 그들에게 나는 이제 2분정도 밖에 시간이 남아있지 않지만, 예수님이 나에게 어떤 일을 행하셨고 그 분이 당신들을 위해서 하실 수 있는 것에 대해서 말하고 싶다고 했지요. 그들의 반응은 놀라운 것이었습니다. 많은 사람들이 일어서서 예수 그리스도의 사랑을 받아들였고 영접했습니다"라고 말했다.

그는 나를 돌아보며 "당신은 이 모든 일이 어떻게 나에게 일어났는지 알고 있지요? 왜냐하면 당신이 샌프란시스코에 와서 나의 삶을 만져주었기 때문입니다." 나는 이 청년이 나눠 준 간증으로 인해서 깊은 감동을 받았으며, 샌프란시스코로 향하는 비행기를 타기로 한 그 날의 결정에 대해서 하나님께 감사했다.

기적적으로, 그 청년은 어떠한 질병의 자취 없이 7년을 더 살았다. 그는 쇠약해지지 않았고 실제로 더욱 건강해졌다. 슬프게도 그를 몇 달 안에 죽음으로 이르게 할 그 질병과 함께 산지 8년 후에 사망했다.

그가 죽기 하루 전, 나에게 전화를 해서 "나에게 없었던 아버지가 되어준 것에 감사드립니다. 한 동안 당신은 나에게 아버지가 되어주기 위해서 아버지임을 포기했습니다"라고 말했다. 나는 당신에게 내가 그 이야기를 들었을 때 느낌을 설명할 수 없다. 이것은 나로 하여금 울게 만들었다. 누군가의 삶에 변화를 주었고 그 변화된 삶이 더 많은 것을 주었을 때의 아름다운 느낌이란 정말 놀라운 것이다.

그것이 바로 하나님이 나에게 약속하셨던 상급이다. 하나님이 "만일 네가 고아들에게 가서 아버지가 되어준다면, 나는 너의 자녀들의 아버지가 되어 줄 것이다"라고 나에게 말씀하셨다. 그 청년은 수천 명의 삶에 영향을 끼칠 수 있었다. 왜냐하면 내가 그 걸음을 걸었고 비행기에 올라탔으며, 그리고 나의 가족과 함께 편안한 곳에 있기를 원하는 나의 욕망을 포기했기 때문이었다. 이것이 바로 선지자의 상급이다.

※ 각주

1. Matt Krantz, "NASDAQ at 5-year high as stocks rebound," USA Today, 29 March 2006, www.usatoday.com/money/markets/us/2006-03-06-stocks-wed_x.htm.
2. John Waggoner, "Gold price tops $700 an ounce as tensions rise," USA Today, 9 May 2006, http://www.usatoday.com/money/market/2006-05-09-gold_x.htm.
3. "Dow Tops 12,500 For First Time," CBS, 27 December 2006, http://www.cbsnews.com/stories/2006/12/27/business/main2303286.shtml.

4."Stocks Get Boost From Stong Economic Data," FOX News, 1 June 2007, http://www.foxnews.com/story/0.2933.277012.00html.

5. Gasoline Prices Won't Be as High This Summer as in 2006, Government Says," FOX News, 10 April 2007, http://www.foxnews.com/story/0.2933.265128.00.html.

6. Parsley Dodds, "Britain PM Tony Blair Plans to Step Down," FOX News, 10 May 2007, http://www.foxnews.com/wires/2007May10/0,4670,farewelltoBlair.00.html.

7. "Florida Man Invents Machine To Cure Cancer," ABC, 27 February 2007, http://www.wpbf.com/health/11125485/detail.html.

8. Deep-Sea Explorers Discover Possible Richest Shipwreck Treasure in History," FOX News, 18 May 2007, http://www.foxnews.com/story/0,2933,273512,00.html.

9. "Spain Probes Treasure Hunters Sunday," FOX News, 20 May 2007, http://www.foxnews.com/wires/2007May20/0,4670,TreasureShipSpain,00.html.

10. "Shipwreck Treasure Brings Claims, Rumors," FOX News, 21 May 2007, http://www.foxnews.com/wires/2007May21/0,4670,TreasureShip,00.html.

11. "Florida Man Invents Machine To Turn Water Into Fire," ABC, 24 May 2007, http://www.wpbf.com/news/13383827/detail.html.

12. Joshua Goodman, "Columbia Fights U.S. Diver for Treasure," FOX News, 3 June 2007,
http://www.foxnews.com/wires/2007June03/0,4670,ColombiaSunkenFortune,00html.

13. Albert Einstien, quoted in "Albert Einstein and the Fabric of Time," Timelessness, http://everythingforever.com/einstein.htm.

14. Ibid.

8.

나는 대화할 누군가를 발견했다

그리스도인들은 너무도 오랫동안 어떤 옷을 입어야만 하고, 불경한 언어를 사용하지 않아야 된다는 사소한 주제들에 집중하고 있었기에, 그들의 사회에 그 어떤 영향력도 끼치지 못했다. 그들의 개인적인 믿음이 그들 자신을 좀 더 나은 사람이라고 느끼게만 만들었을 뿐이다. 실상은 우리의 거룩함이 다른 사람들로 하여금 우리에게 귀 기울이게 하는 것이 아니라, 그 메시지가 어떻게 그들의 삶 가운데 관련되어 연결 될수 있는가에 대해 귀 기울이게 만든다. 누가 과연 자신의 거룩함에 대해서 집중적으로 묘사하며, 자신은 이 땅의 것에 속하지 않았다고 말하는 사람들과 관계하고자 할까?

나는 불경스런 언어, 폭력, 혹은 성적인 타락을 받아들여야 한다고 이야기하는 것이 아니다. 그러나 종교는 어떤점에 있어서 우리가 거룩한 특성들을 불신자들에게 보여줄때 그들을 감동시켜 영혼들을 구할수 있다고 믿도록 만들었다.

그러나 인류에게 정말 문제가 되는 것이 무엇일까? 그리고 왜 종교는 철저하게 사회에 어떠한 영향도 끼칠 수 없게 된 것일까?

문화는 공동체를 주도하는 가치를 가진 시스템으로 정치나 교육, 예술, 스포츠 등을 통해서 다양하게 표현된다. 이것은 라틴 단어인 컬투스(cultus)에서 나왔으며 '예배' 라는 뜻을 가지고 있다. 컬트(Cult)란 당신의 믿음을 예배하는 것이다. 우리가 어떠한 믿음의 교리를 옹호하게 되면, 다른 중요한 무엇인가는 소멸된다. 우리는 하나님 그 분을 믿는 것이 아니라, 하나님에 대한 우리의 믿음을 숭배하고 있는 것이다.

교회는 역사적으로 그리스도의 영원한 존재에 대하여 반복하여 말하고 있지만, 예수님이 이 땅위를 걸으셨다는 사실에 대해서는 거의 언급하지 않는다. 성경에 따르면 그리스도는 지식과 감정을 가지신 온전한 사람이었고, 우리가 느끼는 것처럼 모든 인간의 감정을 경험하셨다. 잠깐 동안만, 우리 모두 죄에 대해서 잊어버리고 인간의 본성을 살펴보자. 많은 사람들이 믿고 있는 것과는 반대로 인간의 본성은 악하지 않다. 하나님은 우리를 육, 혼, 그리고 영으로 이루어진 사람으로 창조하셨다. 영은 하나님으로부터 거룩한 성품을 받을 수 있으며 우리 인간의 본성에 다양한 영향을 끼칠 수 있다. 우리 인간 본성이 죄에 의해서 조종당하게 된다면, 하나님의 성품으로 말미암아 우리에게 불쾌감을 주게 되며,결국 우리 내면에 저항이나 충돌의 원인이 될 것이다. 죄책감은 지속적으로 우리의 결정을 휘저어서, 더욱 큰 혼란과 재난이 우리 환경 가운데로 침투에 들어가도록 할 것이며, 그 결과들은 오늘날 세상에 명백하게 드러나 있다.

오늘 날 우리에게 필요한 모든 것은 살아가는 것 뿐만 아니라 성공하는 것이다. 예수님은 인자로서 그 분이 누구인가에 대한 확신이 필요했다. 그의 제자들에게 "사람들이 인자를 누구라 하느냐?"라고 질문하셨고, 그들은 사회에서 가장 인기 있는 대답을 정확하게 표현한다. "더러는 침례 요한, 더러는 엘리야, 어떤 이는 예레미야나 선지자 중의 하나라 하나이다"(마 16:13~20 참조).

예수님은 제자들의 대답처럼 이제 더 이상 살아있지 않은 과거의 선지자들 중 한 사람과 연관되어 지고 있다. 예수님은 그리스도만의 고유한 성품과 정체성을 가지고 계셨고, 선지자로서 환생할 필요가 없었다. 예수님은 신선하고, 새롭고, 도전적이며, 살아있고, 긍휼한 마음을 가지셨고, 존경받기 합당하시며, 겸손하며, 능력 있으며, 카리스마적이며, 부드러우며, 용감하며 그리고 그 분과 만나는 모든 사람들에게 거부할 수없는 놀라운 영향을 주었다. 예수님은 과거로부터 만들어진 틀을 받아들이지 않으셨다. 예수님은 비록 확증이 필요했지만, 이것은 연약함이 아닌 다른 인간들이 가지고 있는 필요를 똑같이 가지고 있는 인간이었다는 것에 대한 증거이다.

예수는 계속해서 "너희는 나를 누구라 하느냐?"라고 질문하셨다. 예수님의 가장 가까운 제자이며, 특별한 용기를 가졌던 베드로가 억제할 수 없는 충동에 의해서 갑자기 예수님께 나왔다. 그리고 고대 종교법에 따라 참형을 당할 수도 있었던 위대한 선포를 했다. "주는 그리스도시요 살아 계신 하나님의 아들이시니이다." 이러한 대답에 분명하게 감동을 받은 예수님은 베드로에게 이러한 고백은 그가 사람으로부터 들은 것이 아니라 하늘에 계신 아버지께 들은 것이라고 알려주었다. 하나님은 팔레스타인이었던 유대인의 성대를 통해서 말씀하셨다. 그리고 주님은 자신의 영향을 확장하기 위해서 다른 어떤 현상(표적, 기사, 기적)도 필요로 하지 않았다.

다음의 구절은 필립 얀시가 쓴 '내가 알지 못했던 예수'라는 놀라운 책에 기록된 내용이다.

각 사람은 예수를 자신들의 조건, 자신들의 문화, 그리고 자신들의 환경에 연관시킨다. 이탈리아 영화인 La Dolce Vita는 한 헬리콥터가 거대한 예수 상을 로마로 이송하고 있는 장면으로 시작된다. 팔을 벌린 채로 하나의 줄에 달려 그 헬리콥터가 풍경들을 지나쳐갈 때 사람들이 예수를 알아보기 시작한다. "예수님이다!"라고 어떤 늙은 농부가 소리치며 트랙터에 올라타 그 벌판을 가로지른다. 로마에 가까이 왔을 때 비키니 수영복을 입고 수영장에서 일광욕을 즐기고 있던 아가씨들이 친절하게 손을 흔들어준다. 그리고 헬리콥터 조종사는 그들을 자세하게 보기위해서 급강하 한다. 아무런 말도 없이 거의 슬픔에 잠긴 예수의 얼굴, 그 굳어있는 예수는 일관성 없이 현대의 세상을 떠다니고 있었다.

어떻게 내가 이 사람에게 반응할 수 있을까? 내가 삭개오처럼 그를 저녁식사에 초대할 수 있을까? 슬픈 얼굴로 그를 떠난 젊은 부자처럼 될까? 유다와 베드로처럼 그를 배신했을까?

내가 예수에 대해서 더욱 연구하면 할수록, 그를 정의하는 것은 더욱 더 어려워진다. 그는 그 당시에 사람들이 즐겨 이야기 하던 주제인 로마인들이 자신을 정복한 것에 대해서 아무런 말도 하지 않았다. 그리고 그는 채찍으로 유대인의 성전에서 장사하던 사람들을 쫓아내 버렸다. 그는 모세의 율법에 순종해야 한다고 주장했지만 율법을 파괴하는 사람이라는 명성을 얻게 되었다. 그는 낯선 사람을 향한 긍휼함으로 움직였지만, 또한 그의 가장 친한 친구에게 굉장히 거친 비난을 하기도 했다. "사탄아 물러가라!" 그는 부자들과 부정한 여인들을 향해서 타협 없는 관점을 가지고

있었지만 그들 모두가 그의 친구들이었다. 하루는, 예수로부터 기적이 흘러나오듯이 보였지만, 그 다음날 사람들이 믿지 않음으로 인해서 그의 능력은 방해를 받는다. 하루는 재림의 구체적인 것들에 대해서 이야기 했지만 다음 날 그는 그 시간과 때도 알지 못했다. 한 순간에는 체포되는 것을 피해 도망했지만 다른 때에는 그것을 향해서 담대하게 행진했다. 그는 평화하는 사람들에 대해서 설득력있게 말했지만 그의 제자들에게 검을 지니라고 말했다. 자신에 대한 놀라운 주장이 논쟁의 중심에 있게 했지만, 그가 정말 놀라운 기적을 행했을 때는 사람들에게 그것에 대해서 말하지 말 것을 부탁했다.[1]

할리우드

하나님이 나에게 할리우드로 가서 잃어버린 사람들을 위한 등대를 만들라고 말씀하셨다. 나는 일단 나의 발이 그 땅에 헌신되어 있음을 깨달았다. 나는 방송매체의 힘과 불경한 것, 폭력, 간음 등이 분명하게 존재하고 있고, 그러한 요소들이 내가 사회적으로 할리우드로 침투해 가는 것을 막고 있었다. 나는 또한 이러한 범죄로 인한 그들의 죄에 중독된다면 상당히 비효율적이 될 수도 있다는 것을 깨달았다.

내가 할리우드로 옮긴 이후에 내 도덕적인 기준은 할리우드의 삶의 의해서 영향을 받지 않았다. 확실한 것은 그들이 머물고 있는 혼란을 내가 바라보는 것이 나로 하여금 하나님의 목소리가 되고자 하는 더욱 큰 소망을 가져다 주었다. 왜냐하면 비참한 쓰레기 주위에 있는 그들의 삶을 보면서 나는 긍휼한 마음이 들었기 때문이다. 종교적인 섬에서 동떨어진채로 그늘을 향해 외쳐도 그들의 영혼을 구할 수 없었다. 예수님은 죄인들과 함께 동행 하셨고 떡을 떼셨고, 한 여사로 하여금 그의 발을 만질 수 있도록 허락하셨다. 예수님은 불법이 있는 곳에서도 기적들을 행하셨지만, 절대로 죄인들의 도덕적 기준에 몸을 굽히지 않으셨다. 예수님은 오히려 그들을 예수님께로 인도하셨다. 이것은 그들에게 해방이자 자유였다.

예수님은 나사로의 무덤에서 불신자들 때문이 아니라, 믿는자들의 불신앙으로 인하여 슬퍼하셨다. 예수님이 화를 내셨을 때 이것은 죄인들의 죄 때문이 아니라 바리새인들의 악한 통제와 조종 때문이었다. 어쨌든 우리는 무엇인가를 망쳐버렸다.

예수님과 같이 바울은 분리된 섬 위에 서서 죄에 대해서 소리치지 않았다. 오히려 그는 생각들의 싸움 안에서 사람들과 접촉했고, 그들과 함께 하는 가운데 그 사람들에게 진리를 전했다. 바울이 섬 위로 상륙한 이유는 배가 난파했기 때문이었다. 난파되어 섬에 머무는 동안 뱀이 그를 물었지만, 뱀의 독이 바울에게 해를 입히지 못했다. 왜냐하면 바울은 이방인들 가운데 진리의 목소리가 되었기 때문이다.

바울은 가장 험난한 상황 가운데서 분명하게 하나님의 음성을 들을 수 있었다. 그는 환경에 의해서 전혀 영향을 받지 않았고, 그가 들은 음성에 순종하여 배를 움직이게 함으로서 죽음의 폭풍으로부터 전부를 구할 수 있었다. 바울이 무모했다고 하는가? 사도행전 27:19~44에 보면 그 이야기가 기록되어있다. 바울은 하나님의 음성을 들었을 뿐만 아니라 그가 들은 것에 따라서 행동하고, 명령하며, 설득하며, 가르치며 그리고 실제로 기적을 보여줌으로서 하나님의 목소리가 되었다. 바울은 그 시대 당시에 상식을 사용했으며, 다른 때에는 마치 그가 정신을 잃은 것처럼 행동하기도 했다. 그는 왕이나 죄수들 앞에 똑같이 서서 여전히 그가 들은 것을 정확하게 소통할 수 있었다. 그는 절망적인 상황 가운데에서도 자신의 로마 시민권에 근거해서 로마 황제에게 항소했다.

우리가 하나님의 음성을 들을 때 당신은 당신에게 주어진 것을 가지고 가야하는데, 대부분의 경우(나의 경험에 의하면) 매우 적은 정보가 주어진다. 하나님이 당신을 인도하실때, 때로는 영적인 능력을 주셔서 따르게 하시는데 이것은 단순한 지시로 시작한다. 당신이 이러한 과정들을 성공적으로 완수하기 위해서는 스스로 조율을 해야 할 필요가 있다.

내가 앞서 언급 했듯이 교회가 치마의 길이와 머리의 길이를 측정하고 있는 동안 과학자들은 이동의 수단에 대한 놀라운 발견을 했다. 빌 게이츠가 마이크로소프트의 신비로운 개발을 준비하고 있었고, 여성들은 낙태를 합법화하여 태아들의 권리를 박탈해 버렸다. 짧은 치마가 길어지기는 했다. 하지만 이것이 간음을 멈추지는 못했다. 긴 머리는 짧아지긴 했지만 이것이 반항을 멈추지는 못했다. 그리고 수백만의 아기들이 죽어갔고 수억 불의 재정이 권력을 가지고 있는 잘못된 사람들에게 공급되었다.

교회는 가족이며 공동체이어야 하지만 대신에 이것은 스스로를 분리시킨 조직이 되어버렸다. 교회는 공동체의 교제 대신에 멤버십을 제공했으며 용서하는 것 대신에 줄 것을 요구했다. 그리고 가장 좋은 것을 부여잡고 있는 동안 결점 있는 영혼들을 열정적으로 거절했다. 우리가 알고 있는 것처럼 교회의 어떤 제도들은 폐기되어졌는데, 반대로 인간의 신조들과 거만한 신학으로 예수를 옷 입혔으며 유다의 사자를 알아볼 수 없을 정도의 모습으로 길들여버렸다. 세상은 하나님을 원하지만 종교가 제공하는 예수는 그들이 알아보지 못한다. 사람들은 발의 먼지, 그의 옷의 침과 얼룩 그리고 그 손에 눈물이 가득한 것으로 자신의 하루를 끝마쳤던 그 거룩하고 평범한 남자를 원하고 있다.

사람들은 몇번의 결혼으로 널리 알려져 있던 부도덕한 여인, 무덤 속에 있던 친구, 식사로 물고기 몇 마리를 제공했던 한 소년, 슬픈 표정으로 떠나갔던 젊은 부자, 그를 둘러싸고 있던 어린이들, 죽어가는 종을 위해서 간청했던 로마 백부장, 그의 주장에 대해서 질문하던 유대인 지도자, 그리고 메시야라고 찬양하다가 그를 십자가에 못 박으라고 소리쳤던 많은 사람들, 그를 배신한 유다, 그를 부인한 한 친구 그리고 십자가 옆에 함께 달려 죽음을 맞이하던 강도에게 낙원에 이를 것을 제공할 때까지, 자신의 생을 끝낼 수 없었던 그 어두운 사회에 살던 그 사람 예수 그리스도를 원하고 있다.

어쨌든 우리는 그 와중에 무엇인가를 잃어버렸다. 그러나 나의 꿈과 기도는 우리가 진정한 예수를 다시 찾고 우리의 사랑과 인내로서 예수를 세상에 보여주는 것이다.

지붕에 난 구멍

작가인 필립 얀시는 중풍환자와 그의 네 친구들이 경험한 이야기를 무척이나 설득력 있게 그리고 있다.

『자신의 전 생애를 수평적으로 살아왔던 한 남자는 네 명의 친구들에게 지붕위로 올라가 구멍을 내어 자신을 그 구멍 속으로 내려달라고 부탁했을 때 수직적인 명성의 한 순간을 가지게 되었다. 지붕에 난 구멍은 집으로 들어가는 방법은 아니었다.

지붕 밑에 있었던 예수님은 사역을 하고 있었는데 갑자기 먼지, 지푸라기, 그리고 흙이 손님들에게 떨어지기 시작했다. 갑작스러운 소음과 혼란으로 모임은 중단되었고, 군중들은 지붕위의 중풍병자와 그의 친구들 때문에 충격을 받았다.

첫째는 그들이 그 문제를 해결하는 데 혼란스러운 방법을 사용한 것으로 인해서 충격을 받았으며, 두 번째는 예수님의 예상치 못했던 반응으로 놀라게 되었다. 예수께서 그들의 믿음을 보고 치유를 말씀하실 때, 네 친구들의 역할을 강조하셨다. 그는 말하기를 "작은 자야 네 죄 사함을 받았느니라." 누가 죄에 대해서 이야기를 했는가? 종교는 속삭이기 시작했고 일반적으로 전문가들은 논쟁하기 시작했다. 예수님은 신체적인 치유에 관한 그 분의 일반적인 태도를 정리하는 듯한 말씀으로 그 논쟁을 잠재웠다. "네 죄 사함을 받았느니라 하는 말과 일어나 네 상을 가지고 걸어가라 하는 말 중에서 어느 것이 쉽겠느냐."』[2]

예수님은 그 날 일어났던 이러한 방해를 즐거워 하셨다. 중풍병자인 친구를 염려하며 네명의 친구는 새로운 지붕을 만들 돈을 지불할 각오로, 천장에 구멍을 내어 친구를 예수님께 보여드렸다. 예수님과 사람들에게 거절되어 창피함과 모욕으로 수모를 당할 것을 감수하면서 행동했던 이들의 믿음을 예수님은 사랑하셨다.

당신은 하나님의 말씀을 듣기를 원해서가 아니라, 자신들의 지식을 시험하고 그들의 신조들이 예수님의 설교와 일치하는 지를 확인하기 위해서 집안에 가득했던 구경꾼들을 상상할 수 있는가? 그들은 중풍병자와 같은 아픈 사람이 살아있는 말씀을 만나기 위해 들어올 수 있었던 단 하나의 통로를 가로 막고 있었다. 그래서 그 친구들은 예수님의 관심을 끌 수 있는 자신들의 방법을 사용하였다. 다른 모든 것보다 예수님을 감동받게 했던 것은 그들의 친구를 향한 사랑이었다. 우리는 하나님이 사람을 창조한 단 한가지 이유를 이해하는데 실패하였는데, 그것은 바로 하나님이 우리와 친밀하게 교제하기 위해 우리를 만드셨다는 것이다.

예수님이 이 땅위를 거니시며 사역하셨을때, 제자들에게 다음과 같이 이야기 하셨다. "이제부터는 너희를 종이라 하지 아니하리니 종은 주인이 하는 것을 알지 못함이라 너희를 친구라 하였노니 내가 내 아버지께 들은 것을 다 너희에게 알게 하였음이라"(요 15:15). 헬라어에서 사용된 친구라는 단어는 필로스(Philos) 혹은 필로고스(Philogos)이며 이것의 의미는 "누군가에게 이야기하는" 혹은 "누군가 가깝게 이야기 하는" 이다. 주님이 문제가 되는 것이 아니라 우리가 문제이다. 하나님은 아담과 이브로부터 도망하지 않으셨다. 그들이 가지고 있던 하나님에 대한 인식 때문에 아담과 이브가 하나님으로부터 도망친 것이다.

나는 그 중풍병자를 고통 가운데 두려움에 떨고 있는 이 세상에 있는 사람들로 이해한다. 사람들은 정문을 통해서 교회로 들어올 수 있는 길을 알지 못한다. 그래서 사람들은 하나님을 찾을 수 있는 다른 방법을 찾는다. 이것은 정통적이지도 않고 필사적이다. 그리고 흙과 먼지가 날리고 있는 가운데 사람들은 그 문으로 들어왔으며 영접을 받게 되었다.

일반적으로 사람들은 하나님이 그들에게 말씀하시는 음성을 듣고자 갈망한다. 사람들은 하나님의 말씀에 대한 해석을 들어왔다. 그리고 그들 스스로 그것을 찾기를 원한다. 일단 당신이 하나님과 관계에서 친밀함을 이해한다면, 당신은 그것이 속삭임이든지 혹은 귀로 들을 수 있는 음성이던지간에 그 음성을 쉽게 들을 수 있을 것이다. 당신은 사람들, 요소들, 하나님의 창조, 혹은 심지어 처참한 환경을 통해서도 하나님을 알아보게 될 것이다. 당신이 문제 혹은 아픔 가운데 예수님을 찾을 때, 만일 종교가 그에게로 가는 유일한 문을 막고 있다면 길을 만들어라. 문으로 가기 위해서 지붕에 구멍을 만들어라.

대통령의 방문

내가 어렸을때 나는 내 자신이 믿기 힘든 소리들을 들었다. 그리고 나는 내 자신에게 편견을 가지고 심하게 자책했다. 어쨌든 나는 모든 사람들이 사랑하는 단정한 소년이 아니었다. 나는 거칠었고 무례했으며 그리고 영적인 지도자의 역할이 체질에 맞지 않았다.

나는 친구들에게 내가 대통령들과 왕들에게 조언하는 비전을 보았다고 말했을 때 그들은 나를 비웃었다. "네가 백악관에 간다고? 다우닝 거리 10번가(실제 백악관 주소)? 나는 그들에게 내가 있게 될 위치에 대해서 이야기하려고 노력했지만 그들은 나를 비웃었다. 왜냐하면 하나님이 언젠가 내가 이루어갈 나의 미래의 모습을 보여주셨기 때문이다. 그들은 나를 조롱했고 곧바로 멍청이라고 놀렸다. 대부분의 경우 나는 그들로부터 떠나 자리를 피했는데, 왜냐하면 그들이 한 말이 정확하지 않을까 봐 겁이 났기 때문이었다.

나의 꿈은 계속되었고 나는 상상하는 것을 즐겼다. 그러나 나의 영적 지도자들은 나에게 상상력은 악한 힘이라고 말해 주었다. 나는 남아프리카의 오이텐아흐에 있는 초라한 나의 침대에 머리를 박고, 언젠가 내가 이 세상의 통치자들과 대통령들 앞에 서는 꿈을 꾸었다. 나의 자명종 시계가 나를 현실로 되불러 왔고 나는 일하러 가기 위해서 일어나야만 했다.

그 당시, 나는 내가 그리스도인이 되면서 음악에 대한 것을 포기했기 때문에 폭스바겐 공장에서 일을 하고 있었다. 어느 날 직장에서 내 상사의 비서로부터 메시지를 받았다. 감독이 나의 직장 상사를 만나러 왔으며, 내게 그들과 회의를 하고 있는 회사의 사장에게 쪽지를 전해 달라고 한 것이었다. 그 비서가 나에게 그 메시지가 무엇인지를 말해 주었고, 나는 그것을 받아 적어 그들이 만나고 있는 회의 장소로 가서 전해 주었다.

나는 내 자리로 돌아와 그들이 내가 전해준 쪽지를 이리저리로 돌려보고 있는 것을 보았다. 그들은 그것을 주의 깊게 살펴보았고 이리저리로 돌려보았다. 갑자기 그들이 나를 회의실로 들어오라고 하며 내게 질문을 던졌다. "이것이 누구의 필체이지요?" 나는 조심스럽게 그것은 내가 쓴 것이라고 대답했다. 잠시 후 감독들 중 한 사람이 "이것은 창고 관리인의 필체가 아닌 사장의 필체입니다"라고 말했다. 그들이 바로 다음 날 나를 승진시켰다. 나의 필체는 독특하고 매우 이채롭다. 그리고 이것은 나의 성품을 나타낸다. 하나님은 나의 소명이 있는 위치로 매우 이상한 방법으로 나를 승진시키셨다.

결국에, 나는 가족들과 몇 년간의 여행과 어려움을 겪은 후에 미국으로 이사하게 되었다. 이러한 여정은 결코 내게 편안한 삶을 주지 않았지만, 나는 가슴에 그 꿈을 간직하고 있었다. 무척이나 창피하고 어려운 기간 동안에 나는 항상 대통령들과 위대한 지도자들을 만나는 것에 대해서 이야기했다. 사람들은 나를 마치 미친 사람처럼 쳐다보았고 그렇다, 나는 미쳐있었다. 나는 내 자신을 믿었다.

몇 년 전에 나는 내 친구이자 여행을 같이 하던 감독 바빈에게 백악관으로 가서 대통령을 만나겠다고 이야기 했다. 그 이후로 나는 바빈과 함께 백악관을 수차례 방문했으며 개인적으로 대통령도 만나게 되었다.

가족 모두가 어려움을 겪고 있던 어느날, 나는 네쉬빌 테네시에서 생활비를 벌기위해서 일하고 있었는데, 그날 아침 성령 하나님이 나에게 대통령의 방문을 준비하라고 말씀하시는 것을 느꼈다. 나는 우리가 그 당시에 직면하고 있던 어려움들로 인해서 회의적이었고, 매우 많은 의심을 가지고 있었다.

그 해 여름동안 내 아들이 그 나이의 남자 아이들이 그랬고 나 자신도 어렸을때 그랬듯이, 가연성 물질을 학교에서 가지고 놀다가 적발되어 학교를 폭파하려고 한다는 거짓된 비난에 시달리고 있었다. 많은 거짓말들이 오고 갔고 이것이 참을 수 없는 상태까지 이르렀다. 우리는 마치 지옥을 통과하고 있는 것처럼 느꼈다. 나는 우리 가족이 법정에 고소되어지고, 그 당시에 13살이었던 아들이 소환당하는 것과 같은 법적인 분쟁에 휘말려든 어려움을 겪은 적이 이전에는 결코 없었다. 결국 우리가 보이기에는 죄를 지은 것 같았지만 이러한 법정인 고소에 대한 것이 모두 무죄로 종결되어졌다. 나는 하나님이 말씀하시는 것을 들었다. "이제 네가 승진할 시간이다." 나는 "어떻게 이러한 일이 일어날 수 있을까?"라고 생각했다.

그 날 늦게, 나와 오랫동안 일을 한 행사 책임자와 우리 가족의 친한 친구였던 데비 어린(Debbie Aurin)이 백악관 초청에 관해시 전화를 했다. 데비는 내가 계시를 받지 않거나 혹은 누군가를 도울 수 있는 말씀을 받지 않으면, 많은 행사들을 거절해 온 것을 알고 있었다.

그녀는 어떤 정당의 지도자로부터 전화를 받았고, 만일 내가 이 특정한 대통령에 대한 예언이나 말씀을 받았는지를 물어보았다. 나는 깜짝 놀랐다. 나는 몇 명의 대통령들과 미래의 대통령들을 만나 보았지만 이것은 매우 중요한 것이었다. 나는 긍정적으로 대답했다. 데비가 말하기를 "선지자, 확실합니까?" 보통 내가 그렇게 빠르게 대답하지 않고 몇 시간동안 생각할 시간이 필요하다는 것을 데비는 알고 있었다. 그래서 나는 데비에게 내가 생각을 좀 더 한 후에 전화를 주겠다고 대답했다. 그리고 나는 결정했다. 며칠 후에 나는 개인적으로 대통령을 만나기 위해서 모든 과정이 완료되었다는 확언을 받았다. 우리는 재정적으로 아주 좋지 않은 상황에 있었기에 이 만남에 대해서 큰 기대를 하고 있었다.

아침에 나는 대통령을 만나기 위해서 비행기를 탔고 돈을 모아서 산 근사한 양복을 입으려고 하였다. 나는 하나님이 나에게 주신 말씀을 전할 준비를 했다. 나는 새벽 4시 30분에 일어나서 옷을 입었고 비행기를 타고 그 만남의 장소로 가려는 준비를 하고 있었다. 내가 옷을 입고 있는 동안 셔츠의 단추하나가 부러졌다. 그리고 나는 그 셔츠를 이내 벗어버렸다. 나는 새로 구매한 편치 않은 비싼 양복을 입지 않기로 결정했다. 그래서 나는 검은색 청바지와 재킷을 입었고 무척 편안한 느낌으로 대통령을 만나러 갔다. 이렇게 하는 것이 옳은 것 같았다.

내가 몇 명의 중요한 사람들을 기다리고 있는 동안 1979년에 꾸었던 꿈에 대해서 생각했다. 이것이 실질적으로 성취되기 직전이었다. 그리고 갑자기 감정이 복받

쳐 올라왔다. 내가 무엇을 그에게 이야기해야 하지? 나는 그가 다시 대통령에 당선될 것이라는 것을 알고 있었고, 이미 일주일 전에 5,000명이 넘는 사람들 앞에서 그것을 예언했었다.

약 10분 후에 나의 친구 감독 바빈이 방으로 들어와서 대통령에게 내가 누구이며 내가 어떠한 것들을 예언했는지를 알려 주었다. 그리고 감독은 그에 대한 예언이 담긴 두루마기를 대통령에게 건네주었다. 내가 고위 인사들이나 연예인들에게 무엇인가 전할 말이 있을 때, 항상 내가 낮은 곳에 있을 때에 나의 필체를 보고 나를 승진시켰던 그 일을 기억한다. 또한 내가 하나님의 음성을 들었다는 이유로 나를 비웃으며 조롱했던 사람들과 나 자신에게 일깨우기 위해서 아름다운 종이에 내가 직접 나의 손으로 글을 써서 건네주곤 했다.

감독 바빈이 대통령을 준비시키는 것은 무척이나 중요한 일이었는데, 왜냐하면 선지자라는 이름이 오용되었기에 대부분의 대통령들이 선지자들과 함께 하는 것이 위험하다고 생각했고, 특별히 문 밖에 미국을 대표하는 500여명의 유명한 기업가들이 기다리고 있었기 때문이었다. 나는 소환을 받았고 미국의 대통령 앞에 서있었다. 나는 그에게 말씀을 전달했고 그에게 의심의 여지없이 재선출 될 것이라고 말해 주었다. 그는 매우 열려 있었고 내가 그에게 말씀을 전달한 후에, 나에게 "당신의 예언에 감사드립니다. 그리고 나와 가족을 위해서 기도해 주세요" 라고 말했다. 그리고는 무엇인가 평범하지 않은 일이 일어났다. 그와 악수하는 사진을 찍고 난 후 내가 떠나려고 했을 때 그가 나의 손을 잡고 말하기를 "고맙습니다, 예언하는 것을 절대 멈추지 마세요. 예언하는 것을 절대 멈추지 마세요." 이것은 마치 그가 나에게 용기를 주며 격려하는 말씀으로 승인해 주는 것과 같았다.

그는 이것이 나에게 얼마나 큰 감동을 주었는지 알지 못했을 것이다. 일주일 전에 한 종교 지도자가 나에게 편지를 써서 내가 "거짓 선지자"이기 때문에 "예언하는 것을 멈출 것"을 명령했다. 그리고 그가 다른 몇 명의 순복음 교회 지도자들을 대표한다는 것도 알려왔다. 이것은 나에게 치명적인 상처를 주었다. 당신은 이러한 공격이 당신과 함께 있는 사람들에게서가 아닌 당신의 원수들에게 올 것을 예상한다. 그러나 나는 지금 여기 이 나라에서 가장 높은 직책에 있는 사람의 승인을 받은 것이다. 갑자기 나는 내 눈앞으로 또 다른 예언의 성취가 일어나고 있는 것을 깨달았다.

꿈을 꾼 후에 모든 것은 어려워진다. 나는 비난을 받았고 거짓말로 공격을 받았다. 이것이 예외적인 것은 아니다. 그러나 이러한 것이 나에게 영향을 미친다. 그리고 나는 내가 보았던 것이 현실에서 이루어지고 있다는 것을 믿어야만 했다. 우리는 꿈이 현실로 이루어지기 전에 많은 다른 도시의 환경과 문화적인 전투 가운데 살아가야 하는 것을 견디어내야 했다. 결국에 이것은 실현되었고 그리고 지속적으로 실현되고 있다. 하나님이 당신에게 말씀하실 때, 열린 문들이 닫힐 것이며 닫힌 문들이 열릴 것이다. 중력의 법칙이 충족되어지면 사람들이 당신에게로 오게 될 것이며 당신에게 은총이 허락될 것이며, 불행하게도 당신을 멈추기 위해서 그들은 당신을 모욕할 것이다.

제 2차 세계대전 기간 동안 대영제국의 수상이었던 윈스턴 처칠이 말하기를 "절대 포기하지 말라, 절대 포기하지 말라, 절대 포기하지 말라" 라고 말했다. 그는 분명히 알고 있었을 것이다. 나치 독일을 상대하는 것이 미친 짓이었다는 것을… 절대 포기하지 말라!

그 꿈이 실현될 때 까지 나에게 그 어떠한 어려운 환경들이 있었든지 간에, 오직 한 가지 내가 강하게 붙잡고 있었던 사실은 내가 하나님이 나에게 말씀하시는 것을 들을 때, 나는 또한 나의 미래의 한 부분을 보게 된다는 것이다. 나는 미래의 내 모습을 보았다. 그리고 이것이 나에게 큰 힘이 되었는데 왜냐하면 나는 현재에 대해서 다스릴 수 있었기 때문이었다. 당신이 하나님의 음성을 들을 때 당신의 존재 전체는 당신이 영원한 존재로 들어간다는 것으로 인해서 한 동안 정지되거나 혹은 보류된다. 이것은 당신이 과거와 현재와 미래를 한꺼번에 볼 수 있다는 뜻이다. 한 번은 내가 하나님만이 인간에게 보여주실 수 있는 미래를 보았을 때, 나는 현재의 나의 모습을 바로 잡으며 변화시켜야 했는데 그렇게 함으로서 나는 내 삶의 다음 단계를 준비할 수 있었다.

당신이 미래의 당신을 보았을 때, 그 미래는 당신 안에 자리 잡게 된다. 어떤 특정한 공간의 일부분이 당신 안에 자리 잡게 된다. 이 공간의 일부분이 바로 미래이다. 그리고 이것이 일단 당신 안에 자리 잡게 되면 당신은 그곳에 이르기 위해서 살 수밖에 없다. 당신은 모욕과, 거절, 비참한 환경들을 거부할 것이다. 그리고 무엇이든지 이겨낼 것인데, 그 이유는 당신 밖에 있는 무엇인가가 당신을 움직이는 대신에 당신 안에 있는 무엇인가가 당신을 움직이기 때문이다. 일단 미래가 당신 안에 들어가면 중력의 법칙이 적용되고, 사람들이 당신에게로 나아오게 되며 그들은 이것을 설명할 수 없다. 이것은 신비하며, 유혹적이며, 또한 매혹적이다. 이것은 무엇인가 그들에게 친숙하지 않은 것이다. 이것은 설명할 수 없으며, 순전하며 그리고 인간의 망원경으로는 볼 수 없는 하나님이시다.

나의 삶은 모든 종류의 순간들로 가득 차있다. 대부분의 경우 나는 이것을 설명할 수 없다. 그리고 내 주위에 있는 사람들이 나를 둘러싸고 있는 이 혼란스럽지만 경이로운 것으로 이끌리게 된다. 그들은 이것을 사랑한다. 하지만 때때로 그들은 이것으로부터 도망치기도 하는 데, 그 이유는 이것이 설명할 수 없는 것이기 때문이다. 그들의 세상이 변화되고, 그들의 인식이 변화되며 그리고 감염되어지는 "미친"(crazy)이라고 불리는 벌레를 사로잡으며, 또한 이것은 마치 들불처럼 번져 나간다.

당신은 "미친것"이라는 것을 사로잡아 본적이 있는가? 만일 그렇다면 당신이 산을 바라볼 때 이것이 마치 하찮은 것처럼 보일 것이며, 거인들을 바라볼 때 마치 난쟁이와 같이 보일 것이다. 인간에 대한 당신의 인식이 변화 될 것이며 그리고 열정의 힘이 그들의 발을 쓰러뜨리게 될 것이다.

Let's go crazy!

※ 각주

1. Philip Yancey, The Jesus I Never Knew, (Grand Rapids, MI: Zondervan, 1995).
2. Ibid.

사역소개 Ministry Page

킴 클레멘트에 관한 정보를 원하시는 분은 무료전화인 866-546-4366 이나 www.Kimclement.com을 방문해 주십시오. 그 곳에서 당신의 삶을 풍성하게 만들 수 있고, 하나님의 음성을 듣는 것에 도움을 줄 수 있는 많은 예언적인 자료들을 발견할 수 있습니다. 웹캐스트로 방송되는 킴의 비디오와 텔레비전 출현일정을 보실 수 있습니다. 또한 킨이 작성한 뉴스레터와 MP3로 된 설교 말씀과 음악도 다운로드 받으실 수 있습니다. 업데이트 된 킴의 스케줄과 당신의 가족, 사업, 사역, 그리고 당신의 나라에 영향을 줄 수 있는 가장 최근의 예언적인 말씀을 읽을 수 있습니다.

우리가 판매하는 상품의 카탈로그를 원하시면 다음의 주소로 요청을 보내주시면 됩니다.

Prophetic Image Expressions

The Ministry of Kim Clement

P.O. Box 470529

Tulsa, OK 74147-9902

만일 로스엔젤리스 지역을 방문하실 기회가 있으시면 Kim at Secrets-The House of the Prophet에 들려주세요.

www.secretshollywood.com

순전한 나드 도서안내 02-574-6702

No.	도서명	저자	정가
1	강력한 능력전도의 비결	체 안	11,000
2	거의 완벽한 범죄	프랜시스 맥너트	13,000
3	광야에서의 승리〈개정판〉	존 비비어	10,000
4	교회,그 연합의 비밀	프랜시스 프랜지팬	10,000
5	교회를 뒤흔드는 악령을 대적하라	프랜시스 프랜지팬	5,000
6	교회를 어지럽히는 험담의 악령을 추방하라	프랜시스 프랜지팬	5,000
7	그리스도인의 삶의 비결	진 에드워드	8,000
8	기름부으심	스미스 위글스워스	8,000
9	꿈을 통해 말씀하시는 하나님	헤피만 리플	10,000
10	날마다 하나님께로 더 가까이	존 비비어	13,000
11	내 백성을 자유케하라	허철	10,000
12	내게 신선한 기름을 부으셨나이다	허철	9,000
13	내면 깊은 곳으로의 여행	진 에드워드	11,000
14	내어드림	페늘롱	7,000
15	다가온 예언의 혁명	짐 골	13,000
16	다가올 전환	래리 랜돌프	9,000
17	당신도 예언할 수 있다〈개정판〉	스티브 탐슨	12,000
18	당신은 예수님의 재림에 준비가 되어 있습니까?	메릴린 히키	13,000
19	당신은 치유받기 원하는가	체 안	8,000
20	당신의 기도에 영적 권위가 있습니까?	바바라 윈트로블	9,000
21	더넓게 더깊게	메릴린 앤드레스	13,000
22	동성애 치유될 수 있는가?	프랜시스 맥너트	7,000
23	두려움을 조장하는 악령을 물리치라	드니스 프랜지팬	5,000
24	마지막 시대에 악을 정복하는 법	릭 조이너	9,000
25	마켓플레이스 크리스천〈개정판〉	로버트 프레이저	9,000
26	무시되어 온 축복의 통로	존 비비어	6,000
27	믿음으로 질병을 치유하라〈개정판〉	T.L. 오스본	20,000
28	병고침	스미스 위글스워스	9,000
29	부서트리고 무너트리는 기름 부으심	바바라 J. 요더	8,000
30	부자하나님의 부자 자녀들	T.D 제이크	8,000
31	사도적 사역	릭 조이너	12,000
32	사랑하는 자가 병들었나이다	허 철	8,000
33	사사기	잔느귀용	7,000
34	사업을 위한 기름 부으심 〈개정판〉	에드 실보소	10,000
35	상한 마음을 치유하는 기도	마크 버클러	15,000
36	상한영의 치유1	존&폴라 샌드포드	17,000
37	상한영의 치유2	존&폴라 샌드포드	13,000
38	성령님을 아는 놀라운 지식	허 철	10,000
39	성령의 은사	스미스 위글스워스	10,000
40	성의 치유	데이빗 카일 포스터	13,000
41	세계를 변화시키는 능력	릭 조이너	10,000
42	속사람의 변화 1	존&폴라 샌드포드	11,000
43	속사람의 변화 2	존&폴라 샌드포드	13,000
44	신부의 중보기도	게리 윈스	11,000
45	십자가의 왕도	페늘롱	8,000
46	아가서	잔느 귀용	11,000
47	악의 속박으로부터의 자유	릭 조이너	9,000
48	어머니의 소명	리사 하텔	12,000
49	여정의 시작	릭 조이너	13,000
50	영광스런 교회에 보내는 메시지 1	릭 조이너	10,000
51	영광스런 교회에 보내는 메시지 2	릭 조이너	10,000
52	영분별	프랜시스 프랜지팬	3,500
53	영으로 대화하시는 하나님	래리 랜돌프	8,000
54	영적 전투의 세 영역〈개정판〉	프랜시스 프랜지팬	10,000
55	예레미야	잔느 귀용	6,000
56	예수그리스도와의 친밀함	잔느 귀용	7,000
57	예수님 마음찾기	페늘롱	8,000

No.	도서명	저자	정가
58	예수님을 닮은 삶의 능력	프랜시스 프랜지팬	9,000
59	예수님을 향한 열정〈개정판〉	마이크 비클	12,000
60	요한계시록	잔느 귀용	11,000
61	우리 혼의 보좌들	폴킷 데이비스	10,000
62	인간의 7가지 갈망하는 마음	마이크 비클	11,000
63	저주에서 축복으로	데릭 프린스	6,000
64	적의 허를 찌르는 기도들	척 피어스	10,000
65	조지 W. 부시의 믿음	스티븐 멘스필드	11,000
66	주님! 내눈을 열어주소서	게리 오츠	8,000
67	주님, 내 마음을 열어주소서	캐티 오츠/로버트 폴 램	9,000
68	오중사역자들 어떻게 협력해야 하나?〈개정판〉	벤 R. 피터스	9,000
69	지구상에서 가장 강력한 기도	피터 호로빈	7,500
70	지금은 싸워야 할 때	프랜시스 프랜지팬	8,000
71	찬양하는 전사들	척 피어스/존 딕슨	12,000
72	천국경제의 열쇠	샨 볼츠	8,000
73	천국방문〈개정판〉	애나 로운튜리	11,000
74	축사사역과 내적치유의 이해가이드	존&마크 샌드포드	18,000
75	출애굽기	잔느 귀용	10,000
76	하나님과 동행하는 사람들〈개정판〉	샨 볼츠	9,000
77	하나님과 사람에게 더욱 사랑스러운자	듀안 벤더 클럭	10,000
78	하나님과의 연합	잔느 귀용	7,000
79	하나님으로부터 오는 능력	찰스피니	9,000
80	하나님을 연인으로 사랑하는 즐거움	마이크 비클	13,000
81	하나님의 마음에 합한 사람	마이크 비클	13,000
82	하나님의 심정 묵상집	페늘롱	8,500
83	하나님의 아름다움을 바라보는 축복	허철	10,000
84	하나님의 요새	프랜시스 프랜지팬	8,000
85	하나님의 음성을 듣는 방법〈개정판〉	마크&패티 버클러	15,000
86	하나님의 장군의 일기	잔 G. 레이크	6,000
87	항상 배가하는 믿음	스미스 위글스워스	10,000
88	항상 부족함이 없으리로다	하이디 베이커	8,000
89	혼동으로부터의 자유	릭 조이너	5,000
90	혼의 묶임을 파쇄하라	빌&수 뱅크스	10,000
91	화 있을진저 외식하는 서기관과 바리새인들	존 비비어	8,000
92	횃불과 검	릭 조이너	8,000
93	21C 어린이 사역의 재정립	베키 피셔	13,000
94	금식이 주는 축복	마이크 비클&다나 캔들러	12,000
95	승리하는 삶	릭 조이너	12,000
96	부활	벤 R. 피터스	8,000
97	거절의 상처를 치유하시는 하나님	데릭 프린스	6,000
98	그리스도의 제사장적 신부	애나 로운튜리	13,000
99	마귀의 출입구를 차단하라	존 비비어	13,000
100	통제 불능의 상황에서도 난 즐겁기만 하다	리사 비비어	12,000
101	어린이와 십대를 위한 축사사역	빌 뱅크스	11,000
102	알려지지 않은 신약성경 교회 이야기	프랭크 바이올라	12,000
103	빛은 어둠 속에 있다	패트리샤 킹	10,000
104	가족을 위한 영적 능력	베벌리 라헤이	12,000
105	목적으로 나아가는 길	드보라 조이너 존슨	8,000
106	예언사역 매뉴얼	마크 비써	12,000
107	추수의 천사들	폴 키스 데이비스	13,000
108	컴 투 파파	게리 윈스	13,000
109	러쉬 아워	슈프레자 싯홀	9,000
110	그리스도 안에 거하는 삶	앤드류 머레이	10,000
111	지도자의 넘어짐과 회복	웨이드 굿데일	12,000
112	하나님의 일곱 영	키이스 밀러	13,000
113	너희 지체를 의의 병기로 하나님께 드리라	허 철	8,000
114	신부	론다 캘혼	15,000

No.	도서명	저자	정가
115	추수의 비전	릭 조이너	8,000
116	하나님이 이 땅 위를 걸으셨을 때	릭 조이너	9,000
117	하나님의 집	프랜시스 프랜지팬	11,000
118	도시를 변화시키는 전략적 중보기도	밥 하트리	8,000
119	왕의 자녀의 초자연적인 삶	빌 존슨&크리스 밸러턴	13,000
120	초자연적 능력의 회전하는 그림자	줄리아 로렌&빌 존슨&마헤쉬 차브다	13,000
121	언약기도의 능력	프랜시스 프랜지팬	8,000
122	꿈의 언어	짐 골&미쉘 앤 골	13,000
123	믿음으로 산 증인들	허 철	12,000
124	욥기	잔느 귀용	13,000
125	포로들을 해방시키라	앨리스 스미스	13,000
126	나라를 변화시킨 비전:윌리엄 테넌트의 영적인 유산	존 한센	8,000
127	세상을 다스리는 권세의 회복	레베카 그린우드	10,000
128	예언적 계약, 잇사갈의 명령	오비 팍스 해리	13,000
129	창세기 주석	잔느 귀용	12,000
130	하나님의 강	더치 쉬츠	13,000
131	당신의 운명을 장악하라	알렌 키란	13,000
132	용서를 선택하기	존 로렌 & 폴라 샌드포드 & 리 바우먼	11,000
133	자살	로렌 타운젠드	10,000
134	레위기/민수기/신명기 주석	잔느 귀용	12,000
135	그리스도인의 영적혁명	패트리샤 킹	11,000
136	꿈과 환상들	조 이보지	12,000
137	나는 하나님의 음성을 듣는다	킴 클레멘트	11,000

모닝스타 코리아 저널

morningstar KOREA JOURNAL

No.	도서명	저자	정가
1	모닝스타저널 제1호	릭 조이너 외	7,000
2	모닝스타저널 제2호	릭 조이너 외	7,000
3	모닝스타저널 제3호 승전가를 울릴지도자들	릭 조이너 외	7,000
4	모닝스타저널 제4호 하나님의 능력	릭 조이너 외	7,000
5	모닝스타저널 제5호 믿음과 하나님의 영광	릭 조이너 외	7,000
6	모닝스타저널 제6호 성숙에 이르는 길	릭 조이너 외	7,000
7	모닝스타저널 제7호 마지막때를 위한 나침반	릭 조이너 외	7,000
8	모닝스타저널 제8호 회오리 바람	릭 조이너 외	8,000
9	모닝스타저널 제9호 하늘위의 선물	릭 조이너 외	8,000
10	모닝스타저널 제10호 천상의 언어	릭 조이너 외	8,000
11	모닝스타저널 제11호 신의 성품에 참예하는자	릭 조이너 외	8,000
12	모닝스타저널 제12호 언약의 사람들	릭 조이너 외	8,000
13	모닝스타저널 제13호 열린 하나님의 나라	릭 조이너 외	8,000
14	모닝스타저널 제14호 하나님 나라의 능력	릭 조이너 외	8,000
15	모닝스타저널 제15호 하나님 나라의 복음	릭 조이너 외	8,000
16	모닝스타저널 제16호 성령 안에서 사는 삶	릭 조이너 외	8,000
17	모닝스타저널 제17호 성령 충만한 사역	릭 조이너 외	8,000
18	모닝스타저널 제18호 초자연적인 세계	릭 조이너 외	8,000
19	모닝스타저널 제19호 하늘을 이 땅으로 이끌어내다	릭 조이너 외	8,000
20	모닝스타저널 제20호 견고한 토대 세우기	릭 조이너 외	8,000
21	모닝스타저널 제21호 부서지는 세상에서 견고히 서기	릭 조이너 외	8,000

※**모닝스타 코리아 저널**은 한정판으로 출간되기때문에 품절될 경우 구매하실 수가 없습니다. 그러므로 **품절 여부**를 확인하신 후 구매하시기 바랍니다.